Linda Berg

Klavierschule

für KINDER

Band 2

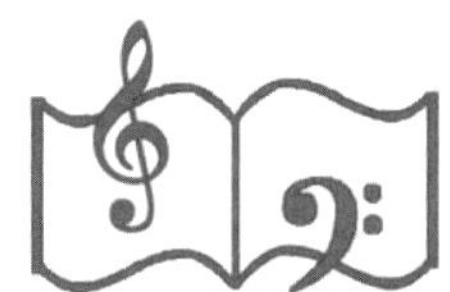

Vorwort

Das zweite Band von „Klavierschule für Kinder" enthält 82 wundervolle Vortragsstücke und 35 effektive kurze Fingerübungen, die bestens die Musikalität und Spieltechnik der Schüler fördern.

Die attraktiven kindergerechten Klavierstücke schließen verschiede Epochen und Stile ein. Die beliebten Kinderlieder, Tänze und Musikstücke präsentieren große Vielfalt und Abwechslung von musikalischen Charakteren, dadurch ist die Fantasie und Begeisterung der jungen Musikanten angeregt und sie haben viel Freude beim Klavierspielen. Die ausgewählten Vortragsstücke sind im langsam ansteigenden Schwierigkeitsgrad zusammengestellt und sind ausdrucksvoll und lehrreich. Es werden neue Themen wie Sechzehntelnoten, Akkorde, Punktierte Achtelnoten, Triole und der Gebrauch vom rechten Pedal aktiv erarbeitet.

Die effektiven kurzen Fingerübungen unterstützen Kinder und Jugendliche beim Einstudieren der neuen Spielstücke. So erlernen Schüler rasch neue wichtige Elemente des Klavierspieles und erweitern ihre musikalischen Fähigkeiten. Das bildet eine feste Basis für weitere Fortschritte in verschiedenen musikalischen Richtungen und Stilen.

Ich wünsche Ihnen viel Freude und viel Erfolg in der wunderbaren Welt der Musik!

Linda Berg

Musik für Kinder
ISBN 978-3-9822915-1-2

Mail: musik-berg@web.de

Printed in Germany

Inhaltsverzeichnis

Die kurzen Fingerübungen

Verzeichnis der Themen

Tanz

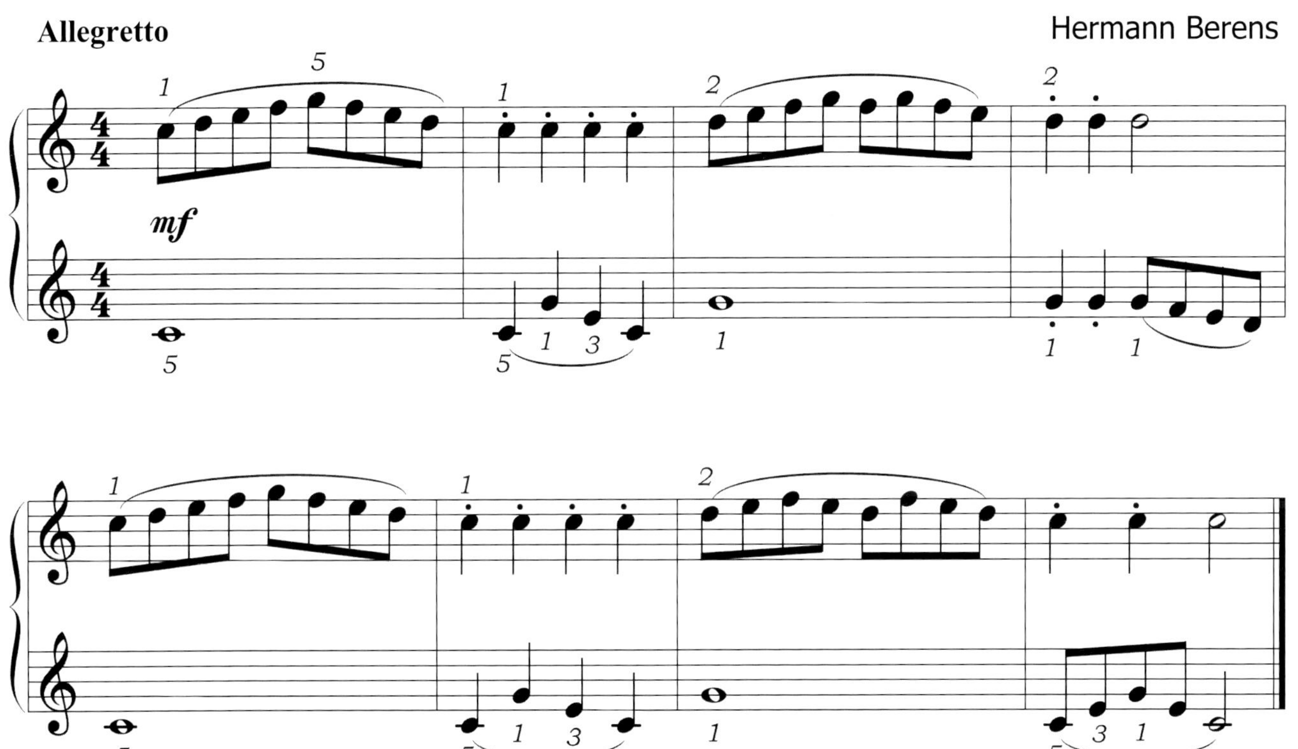

Auf dem grünen Rasen

Auf dem grünen Rasen,
wo die Veilchen blüh'n,
geht mein Schäfchen grasen
in dem jungen Grün.

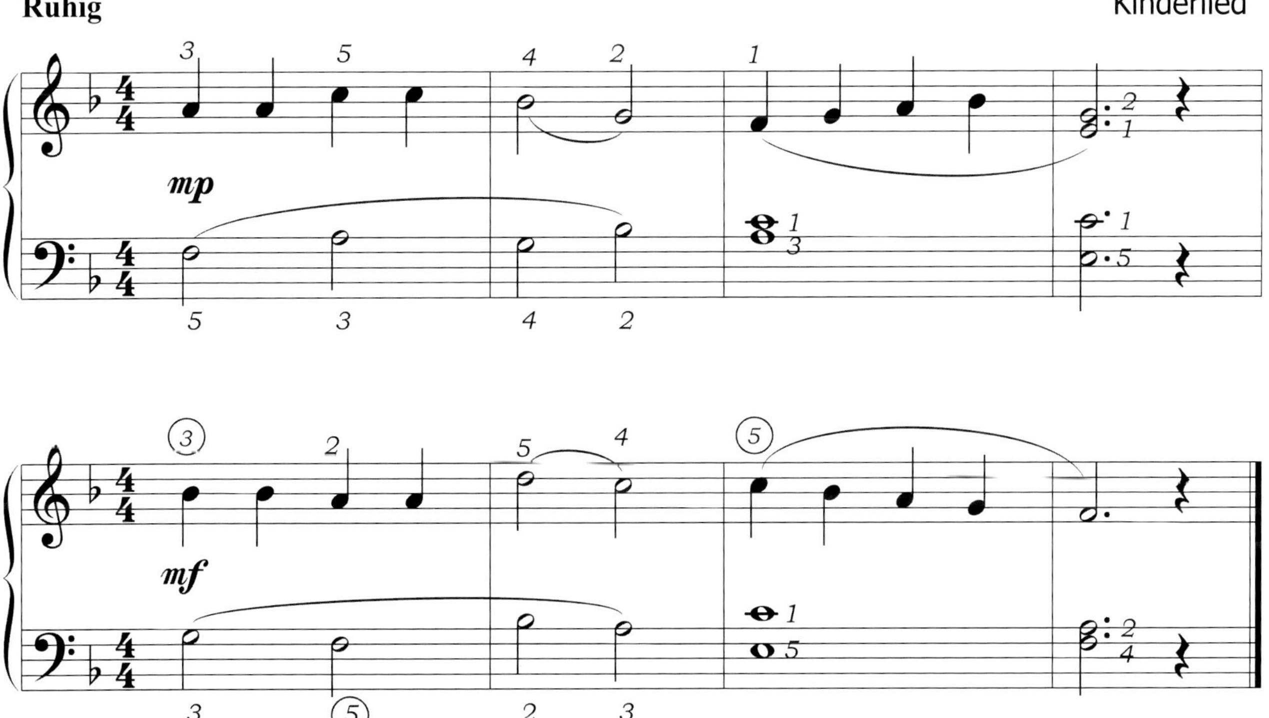

Schwesterchen, komm, tanz mit mir

Schwesterchen, komm, tanz mit mir,
beide Hände reich' ich dir.
Einmal hin, einmal her,
rundherum, es ist nicht schwer.

Lustig, tänzerisch

Volkslied

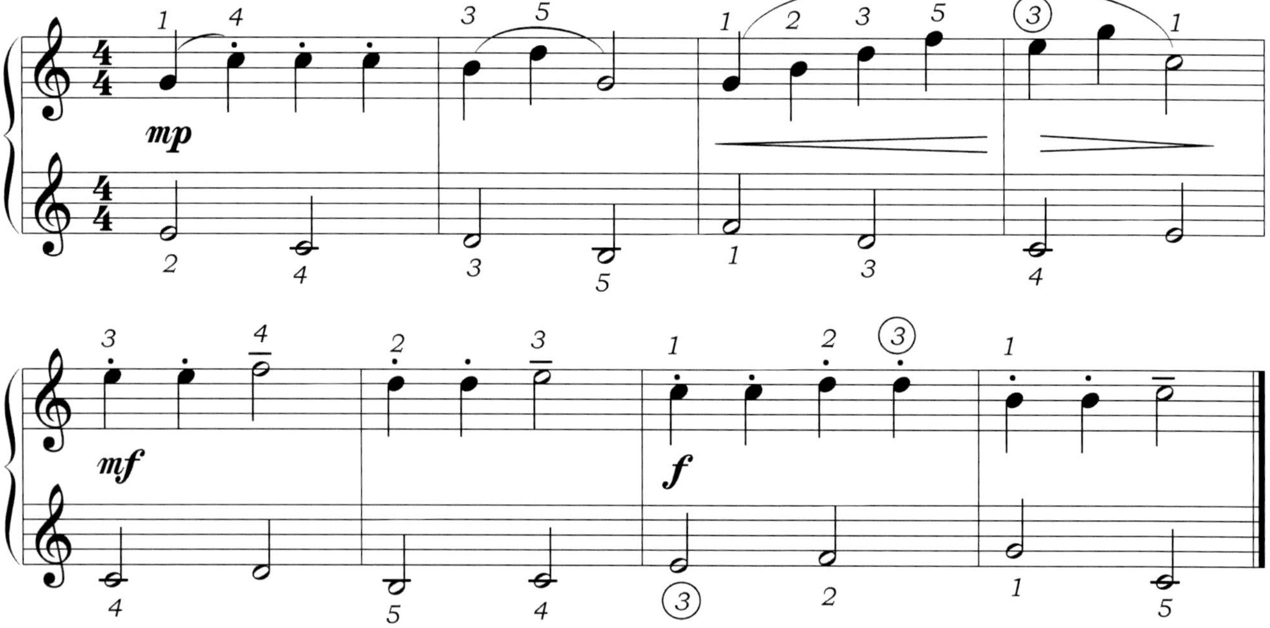

mp *mf* *f*

☼ 6/8 Sechsachteltakt wir zählen mit Achtel, 1 - 2 - 3 - 4 - 5 - 6 (drei Achtel + drei Achtel).

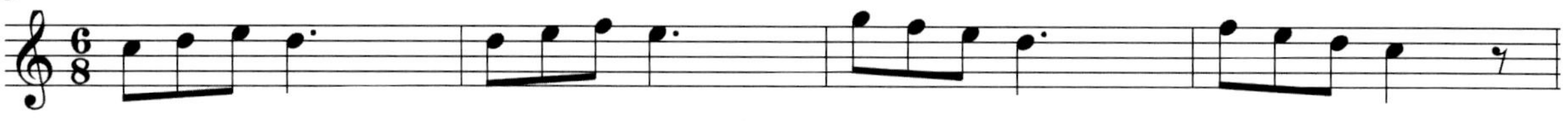

Zähle: 1 - 2 - 3 - 4 - 5 - 6 - 1 - 2 - 3 - 4 - 5 - 6 - 1 - 2 - 3 - 4 - 5 - 6 - 1 - 2 - 3 - 4 - 5 - 6 -

Märchenschloss

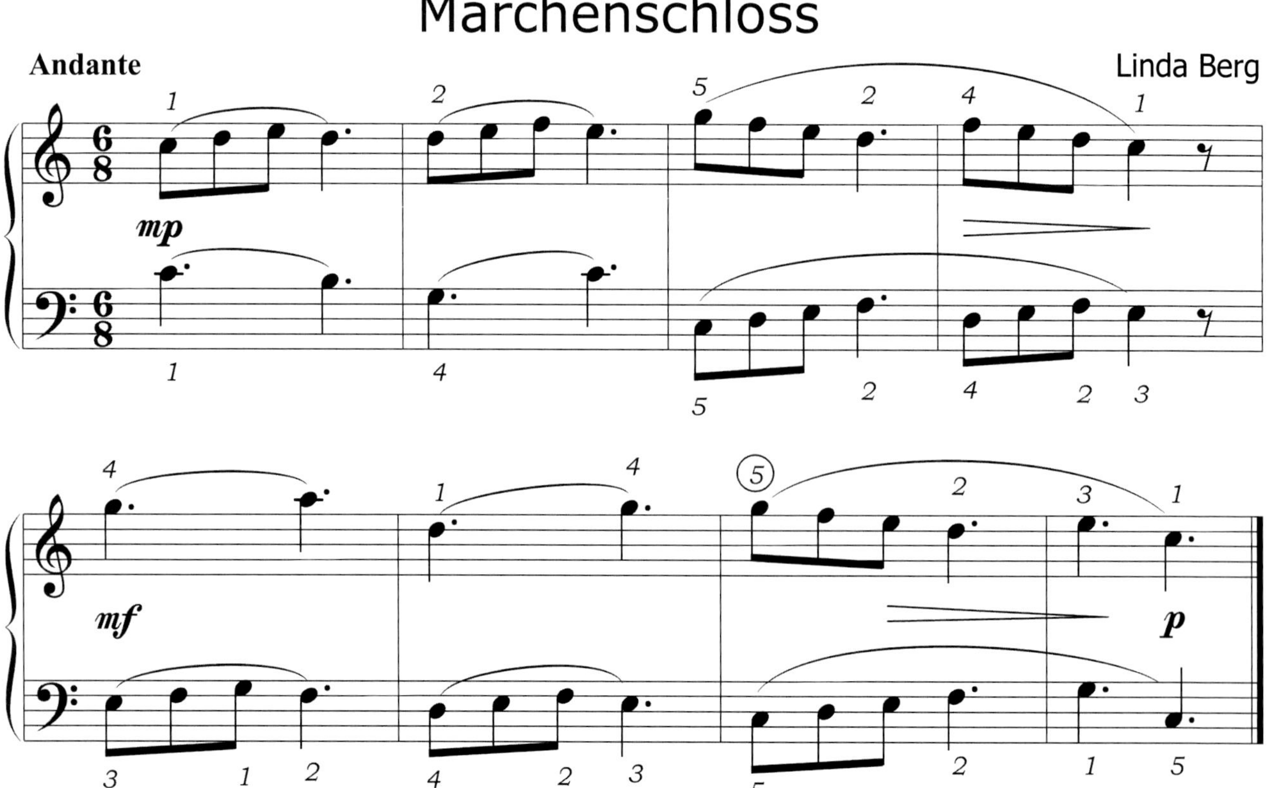

Libelle

Allegretto

Emil Breslaur

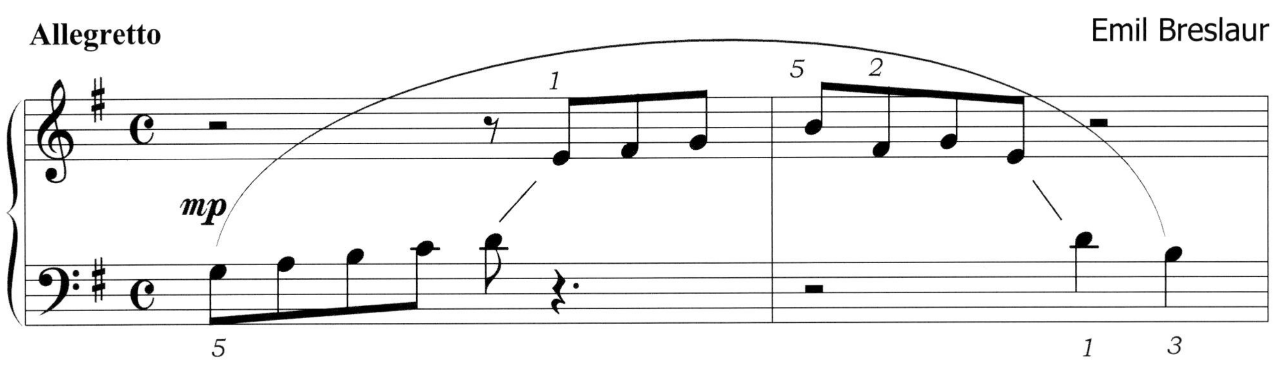

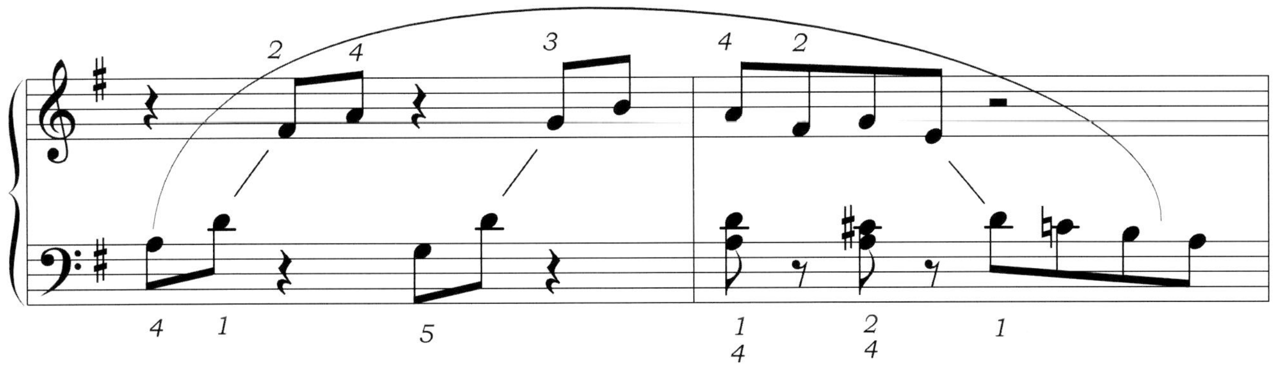

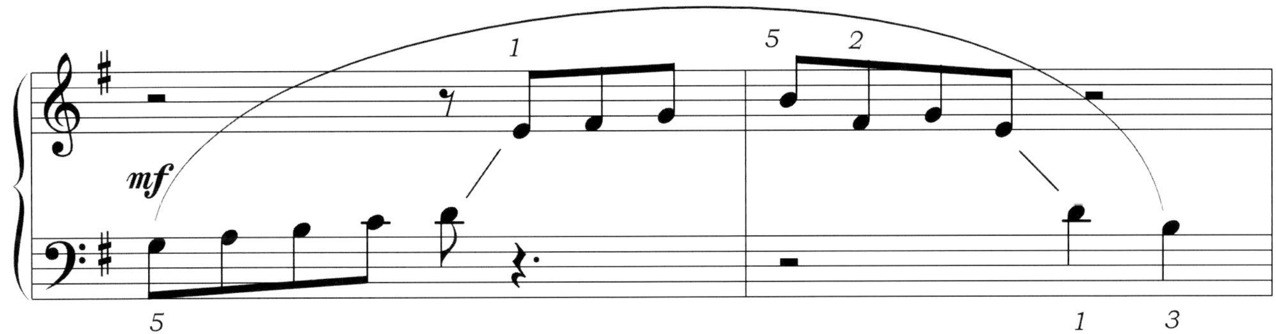

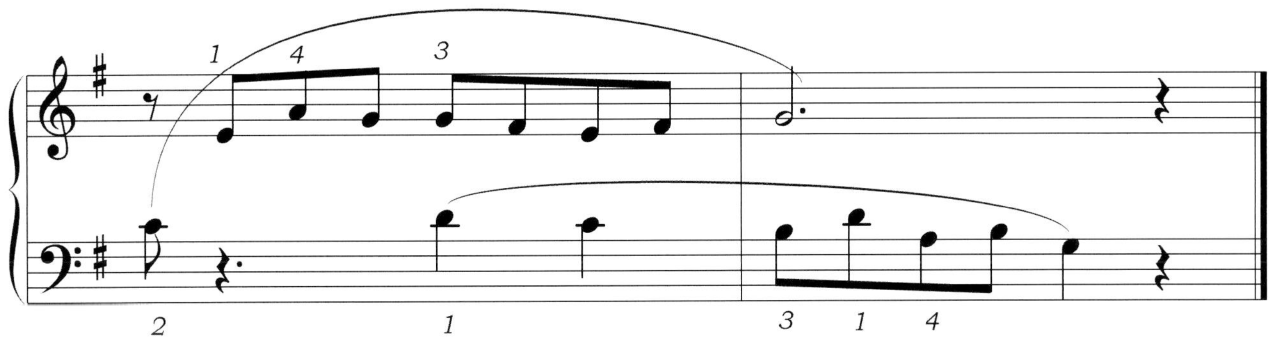

☼ **C** Dieses Zeichen bedeutet $\frac{4}{4}$ Viervierteltakt . Wir zählen: 1 und 2 und 3 und 4 und.

☼ Sei besonders aufmerksam zum Fingersatz im Kreis. Zum Beispiel: ① ② ③ ④ ⑤

Der Windhauch

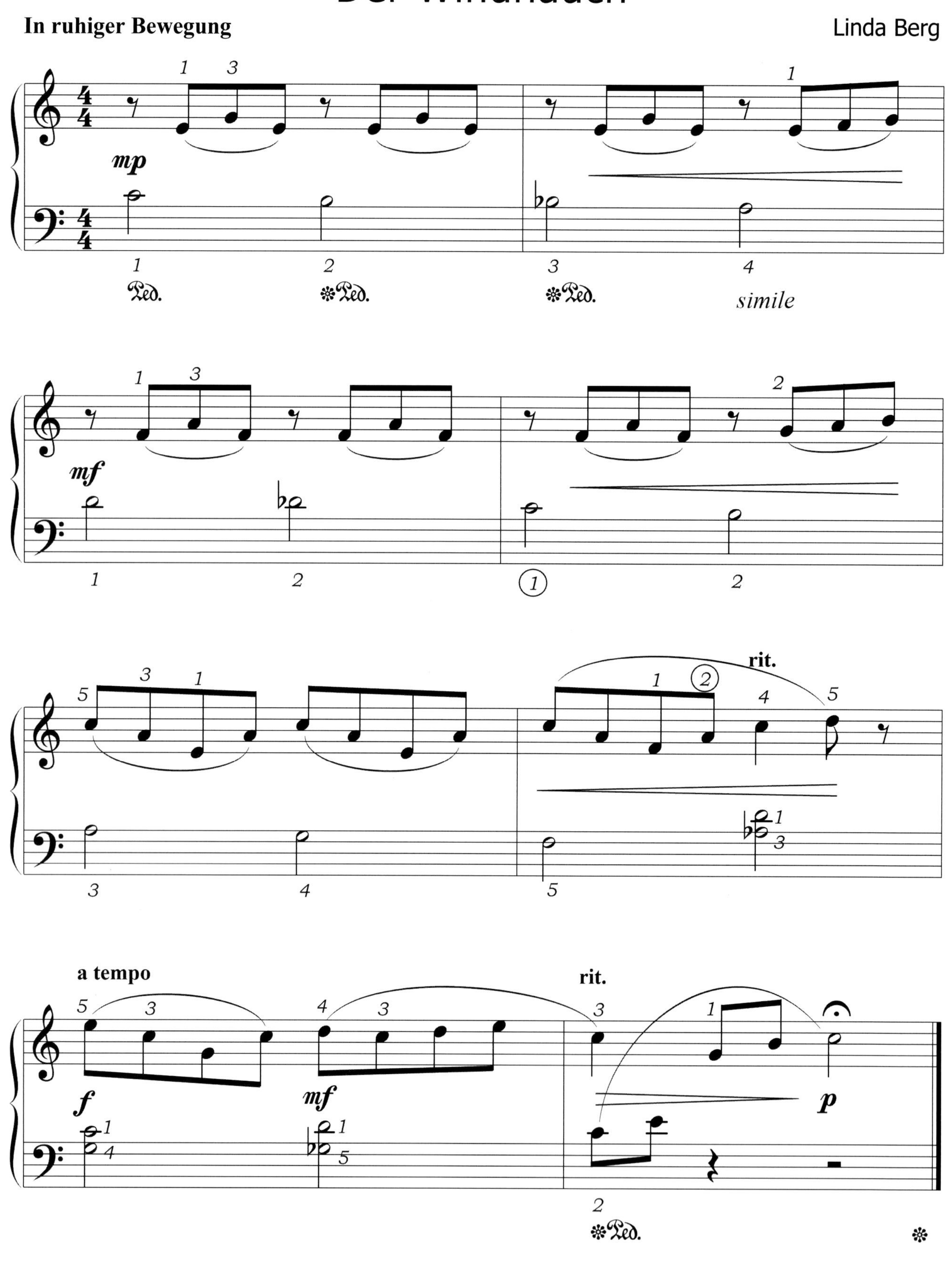

☼	Ped.	Das rechte Pedal nach unten drücken und unten halten.
	❊	Das gedrückte Pedal los lassen.
	simile	so fortsetzen.

Ich geh' mit meiner Laterne

Ich geh' mit meiner Laterne und meine Laterne mit mir.
Da oben leuchten die Sterne und unten, da leuchten wir.
Ein Lichtermeer zu Martins Ehr, ra-bimmel, ra-bammel, ra-bum.
Ein Lichtermeer zu Martins Ehr, ra-bimmel, ra-bammel, ra-bum.

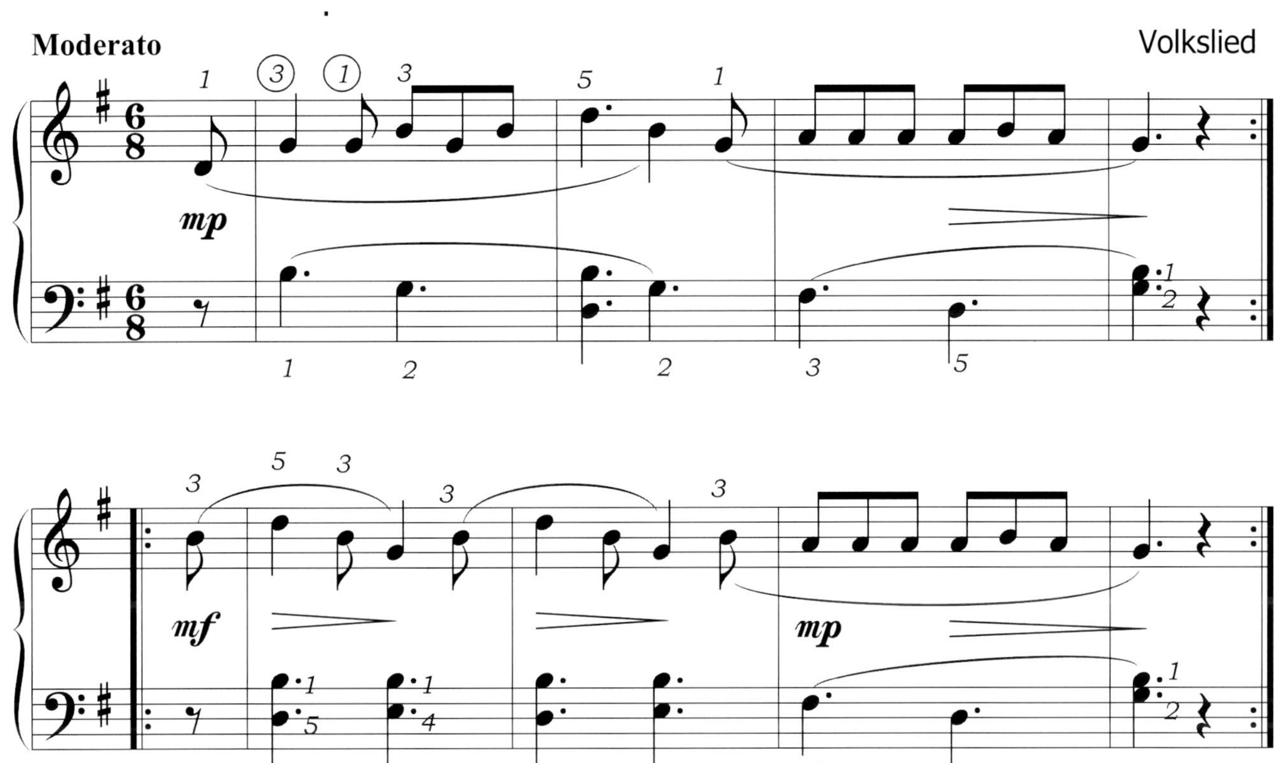

Fischchen im Teich

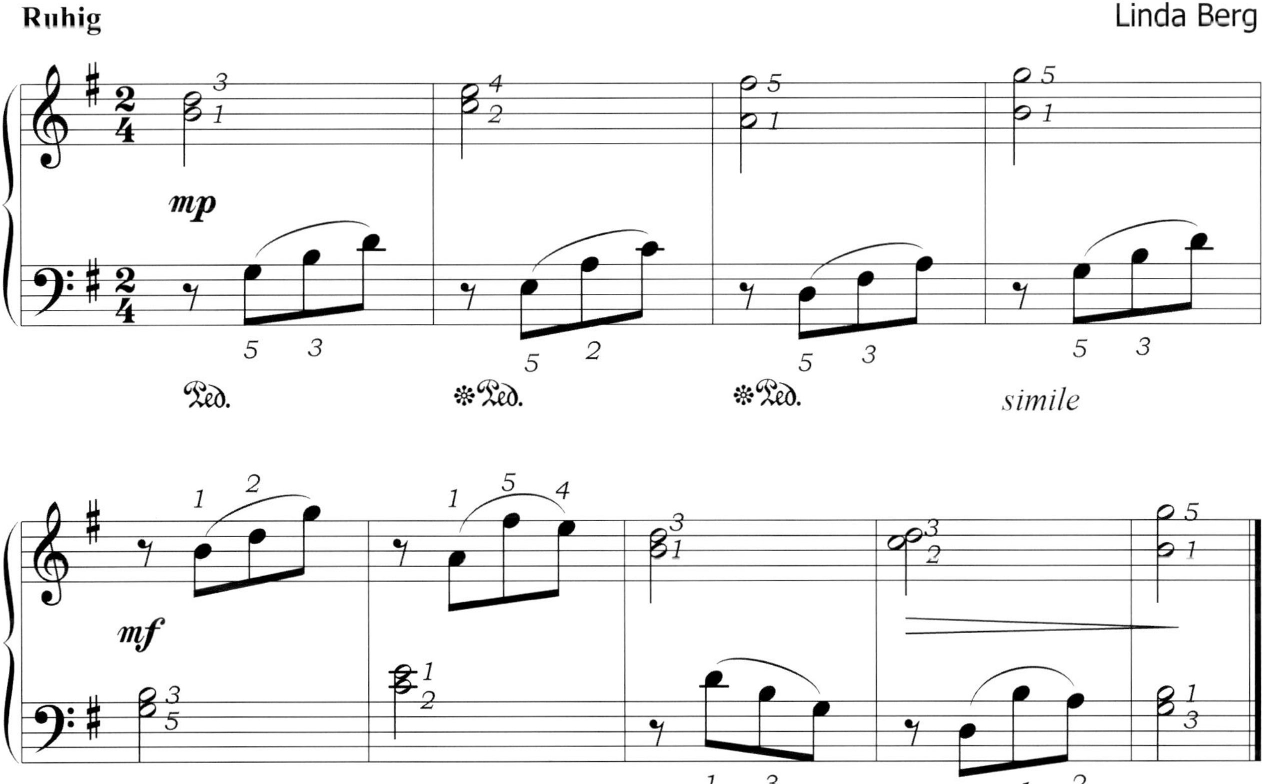

Reigen

Allegro

Heinrich Wohlfahrt

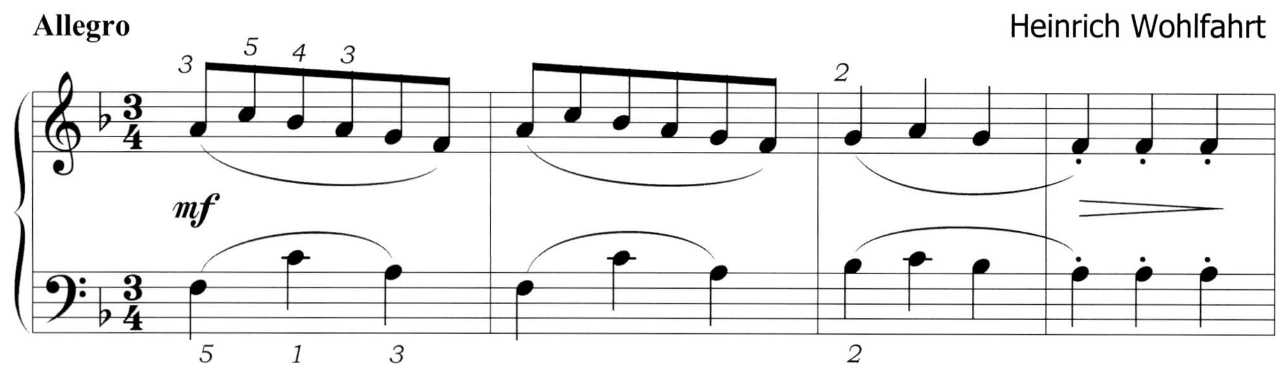

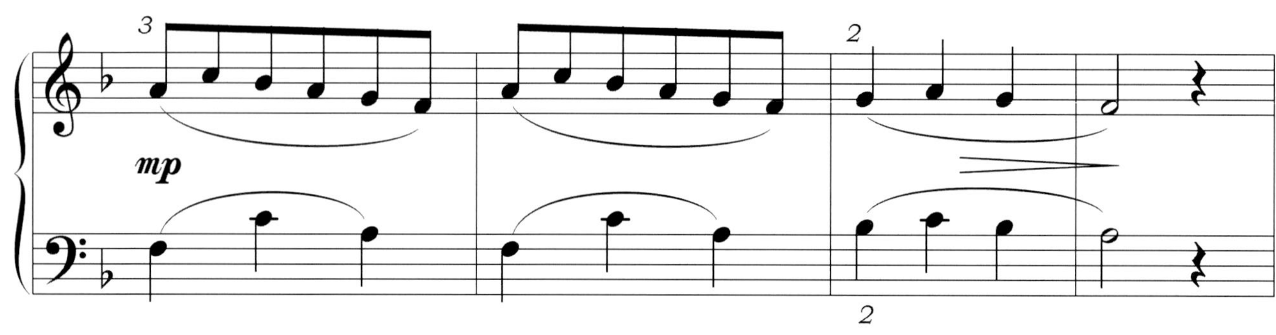

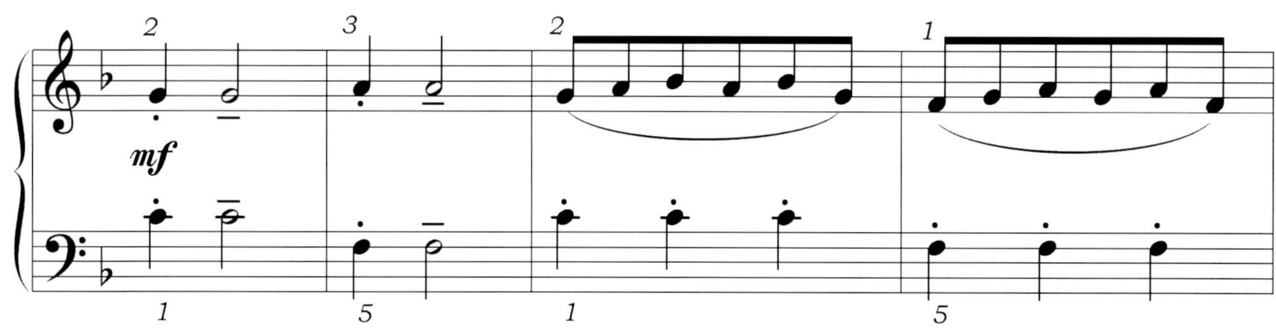

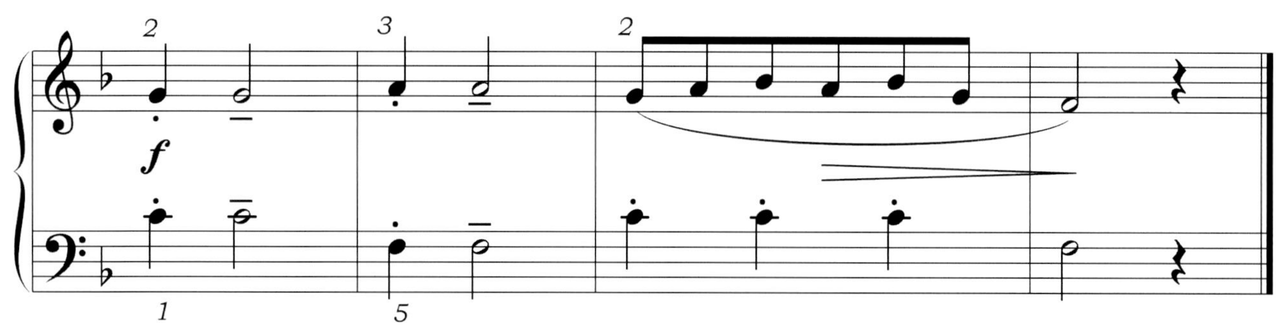

Ballett

Moderato con moto

Antonio Sartorio

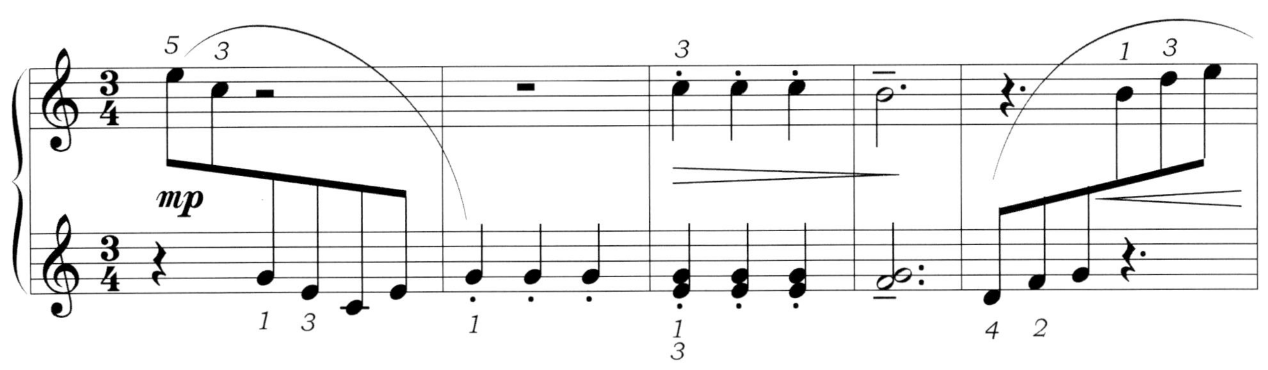

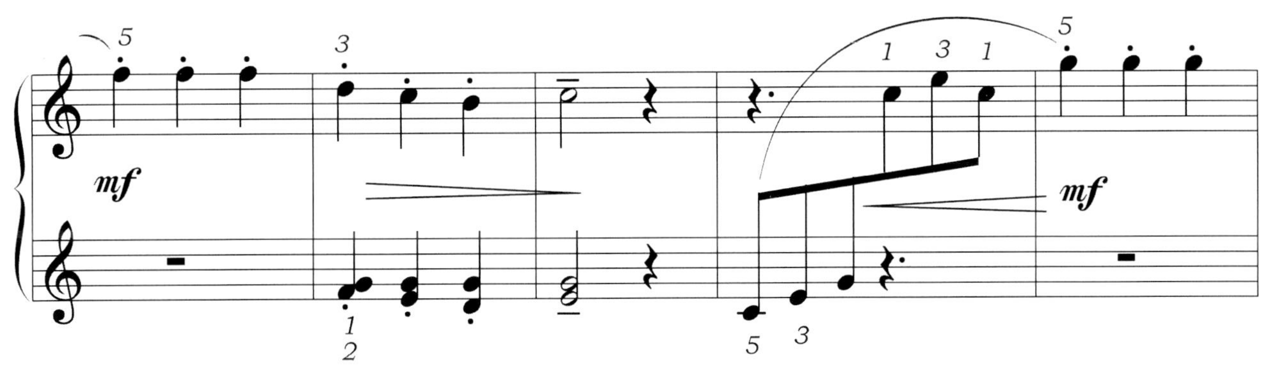

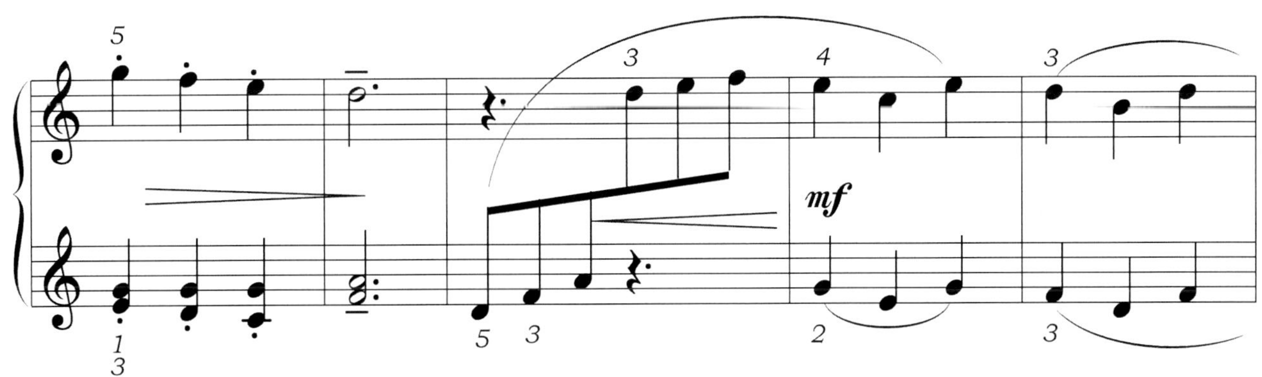

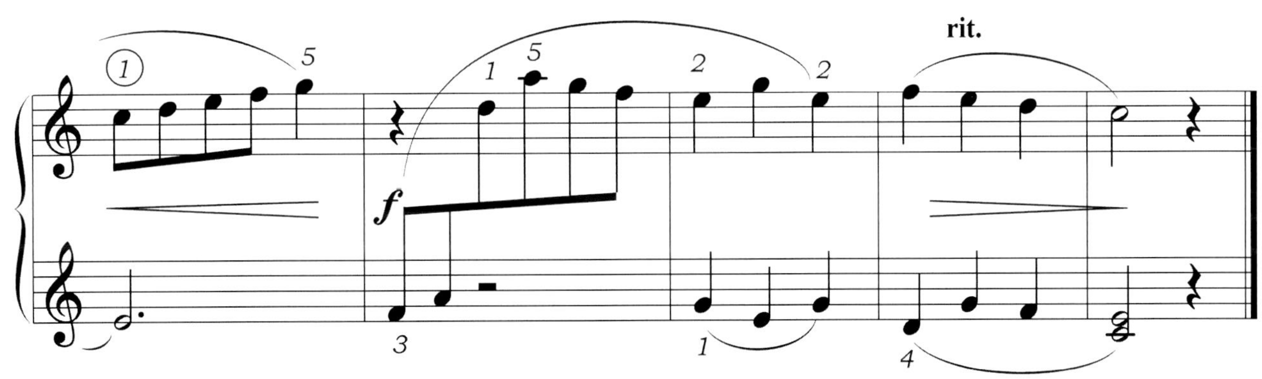

Freudiges Fest

Allegretto

Jacob Schmitt

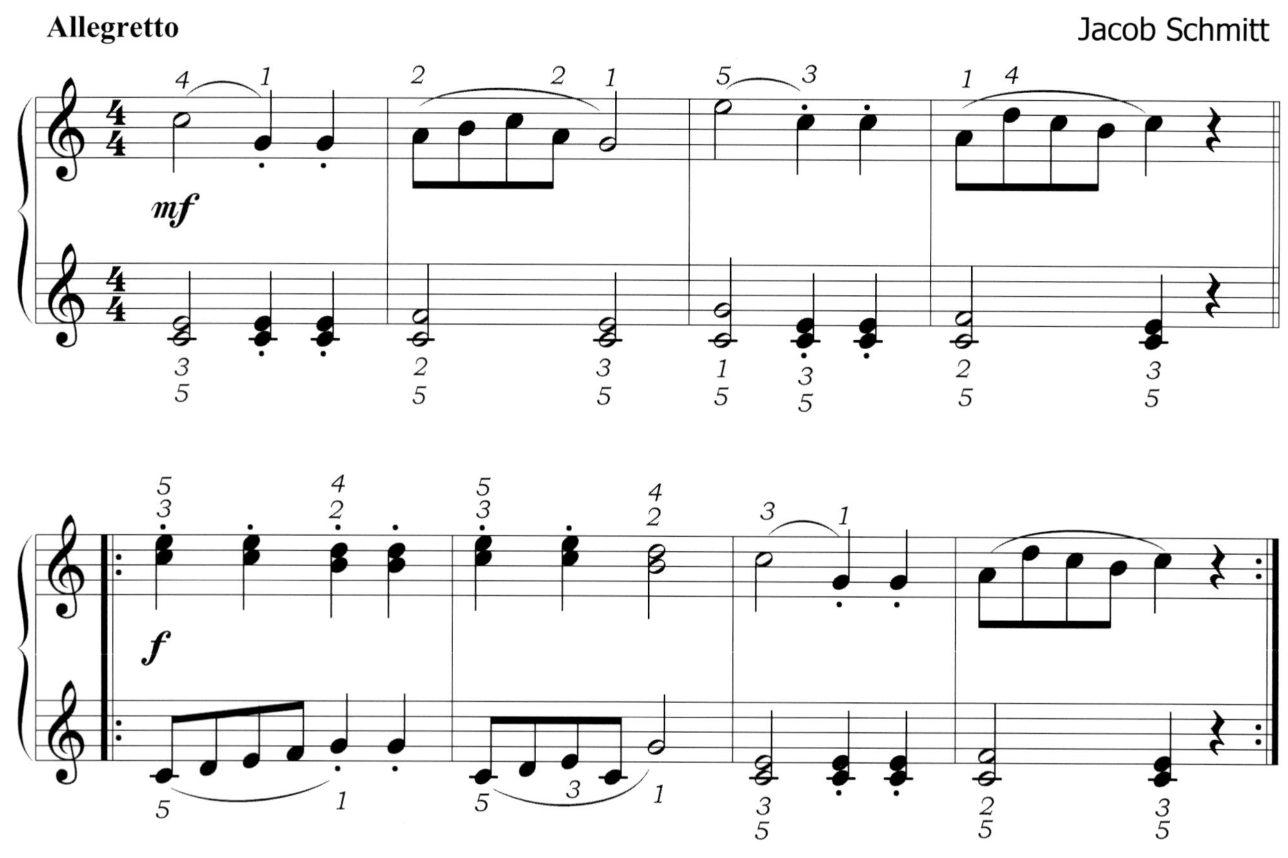

Tanz

Andantino

Daniel Gottlob Türk

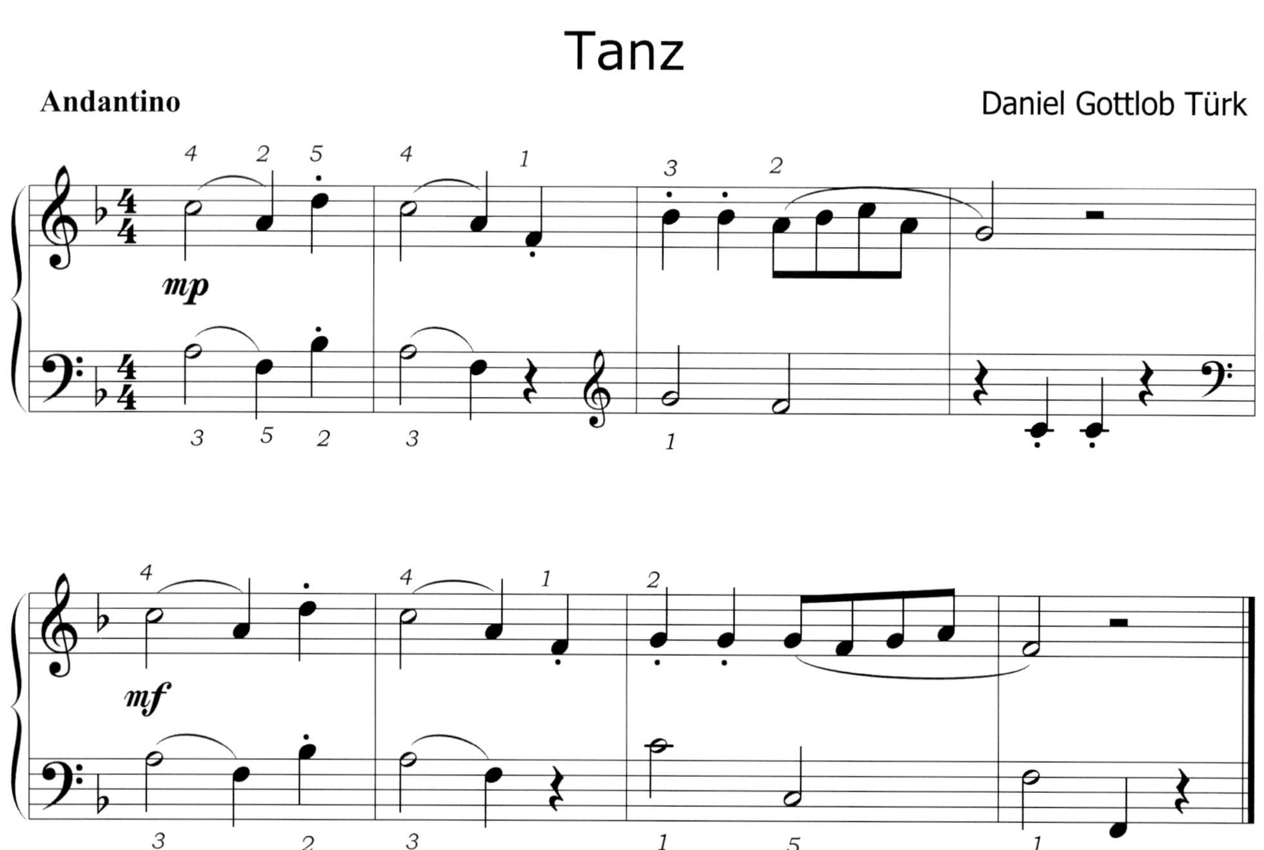

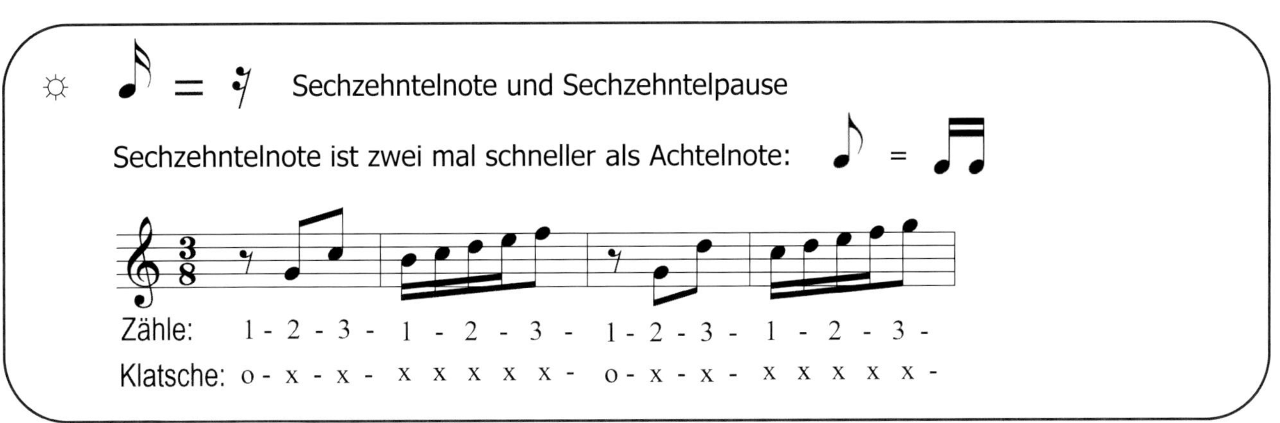

Erfreutes Herzchen

Allegretto

Cornelius Gurlitt

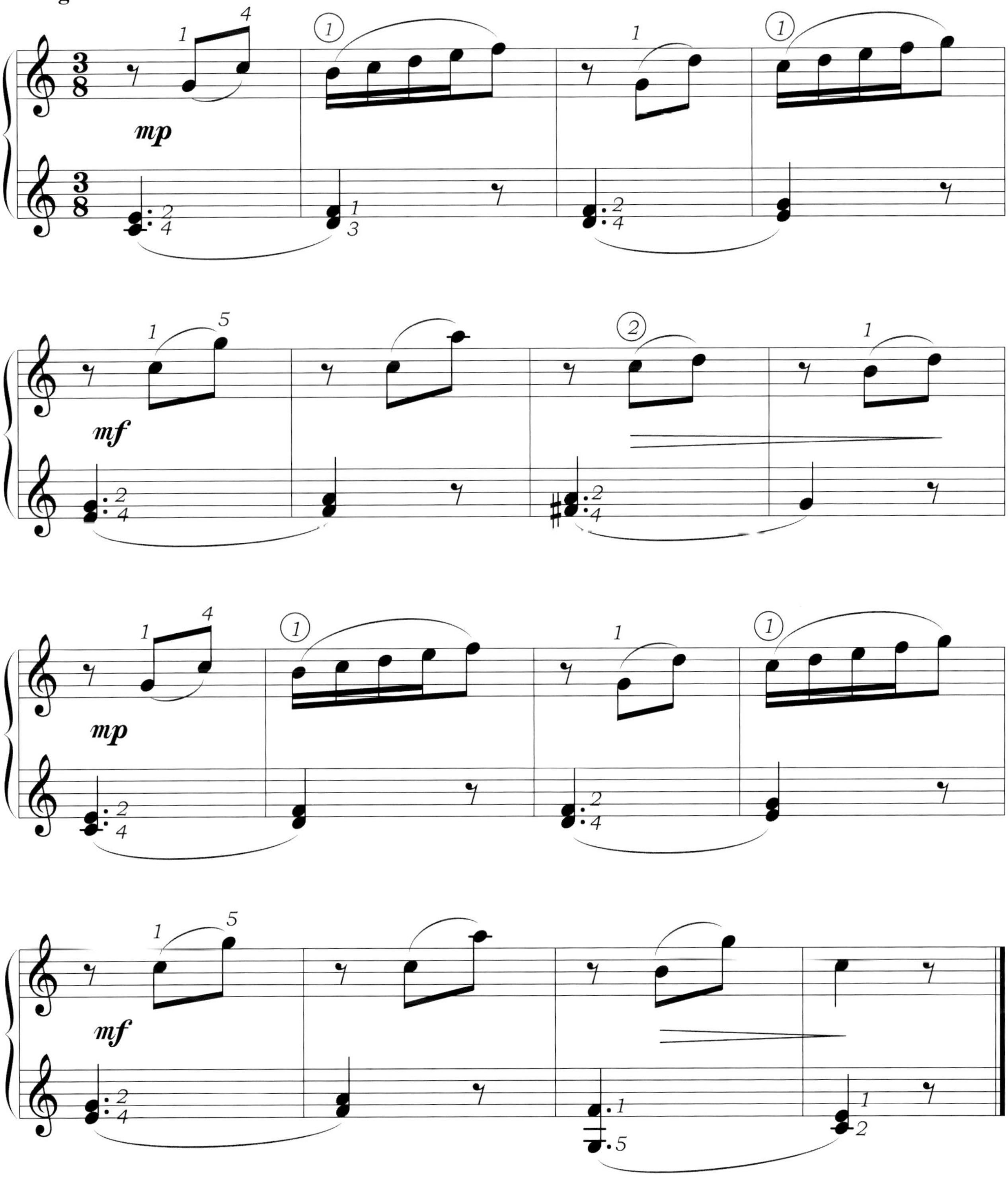

mp *mf* *mp* *mf*

Lustiger Ausflug

Lebhaft, lustig

Linda Berg

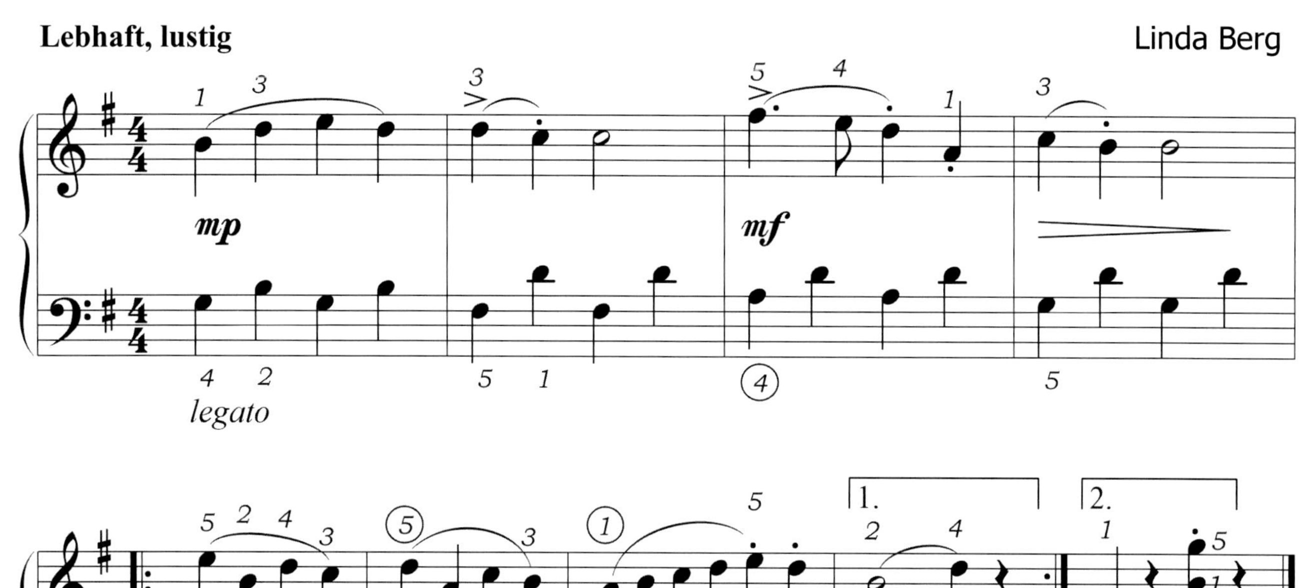

Canzone

Allegretto

Christian Gottlob Neefe

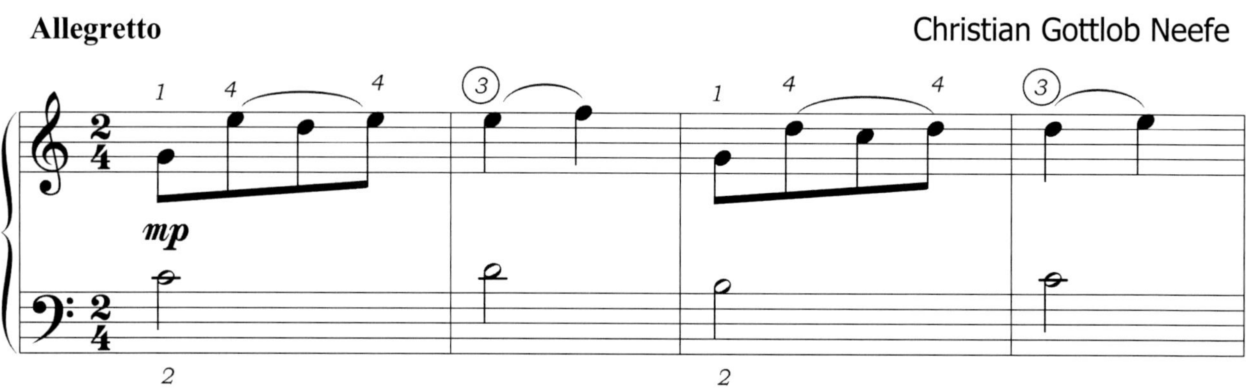

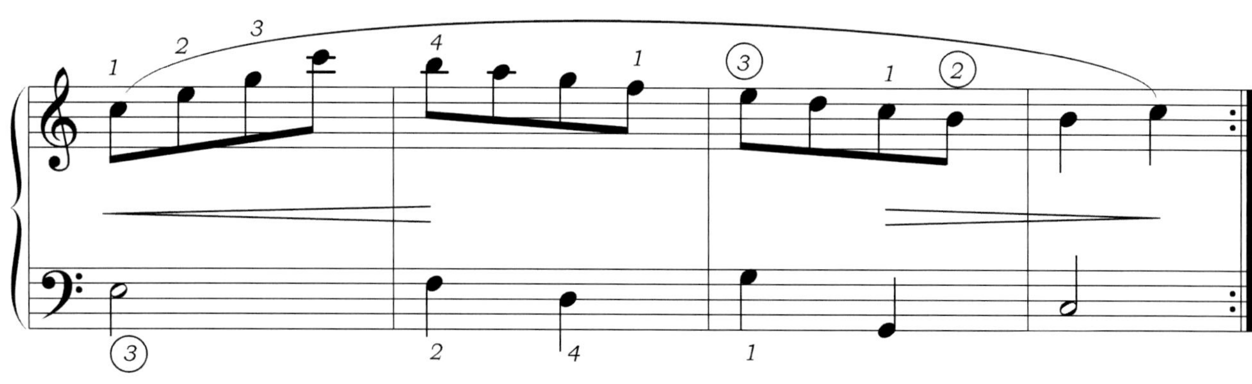

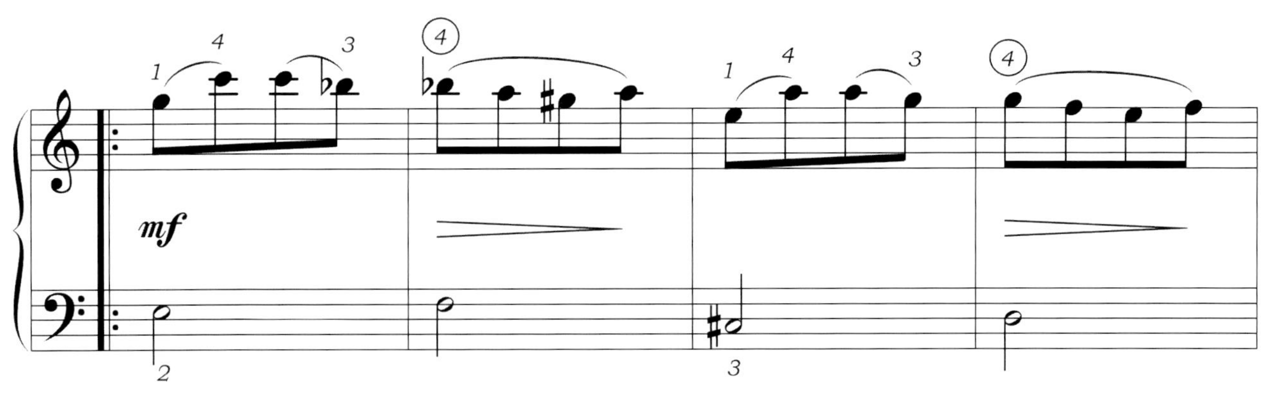
mf

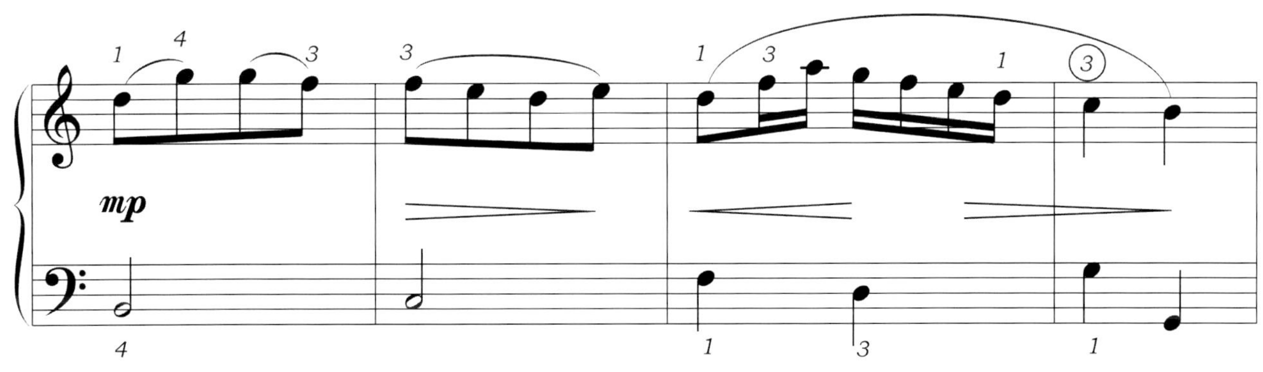
mp

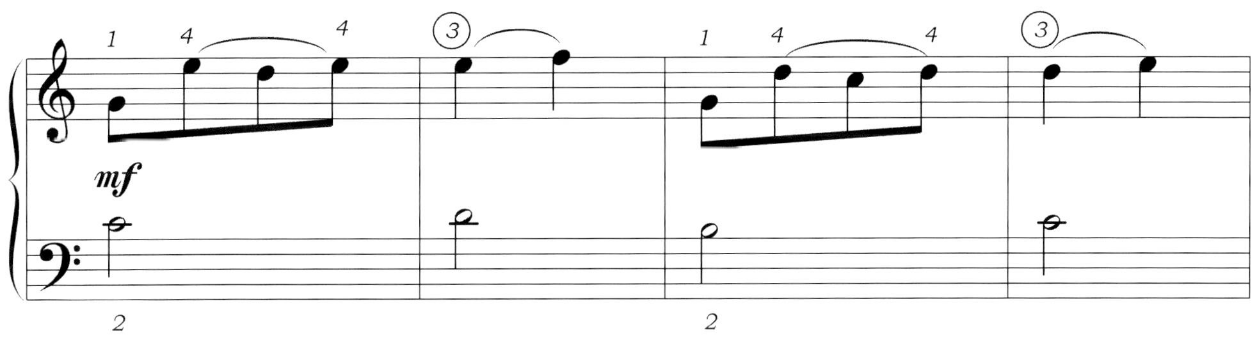
mf

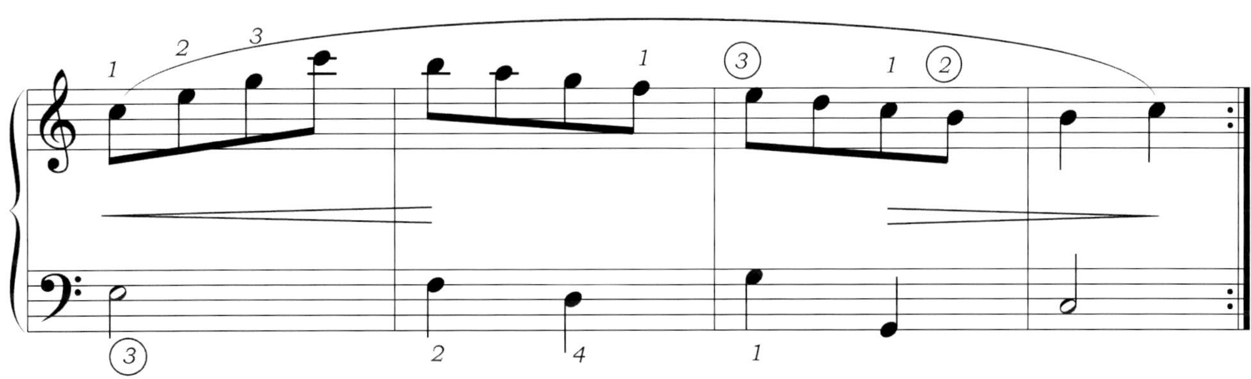

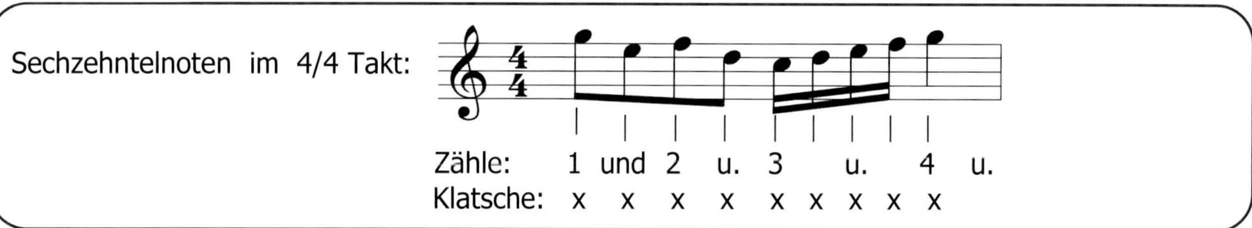

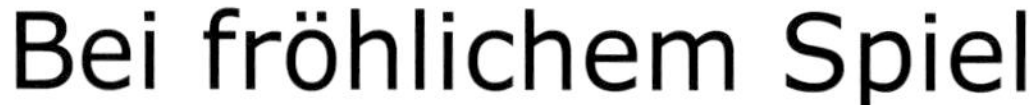

Bei fröhlichem Spiel

Mäßig schnell

Max Paul Heller

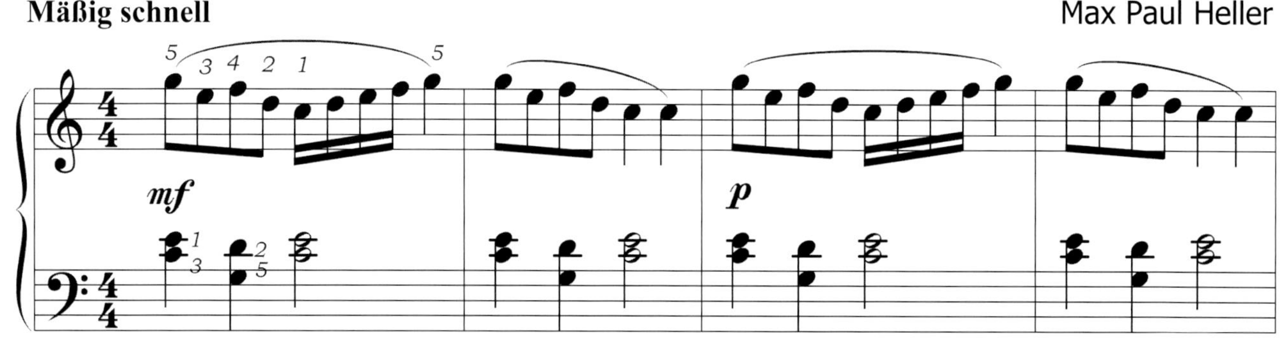

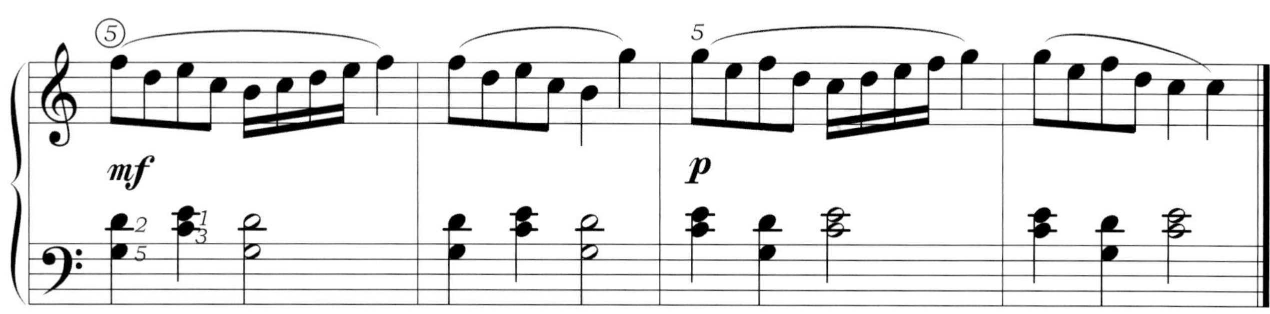

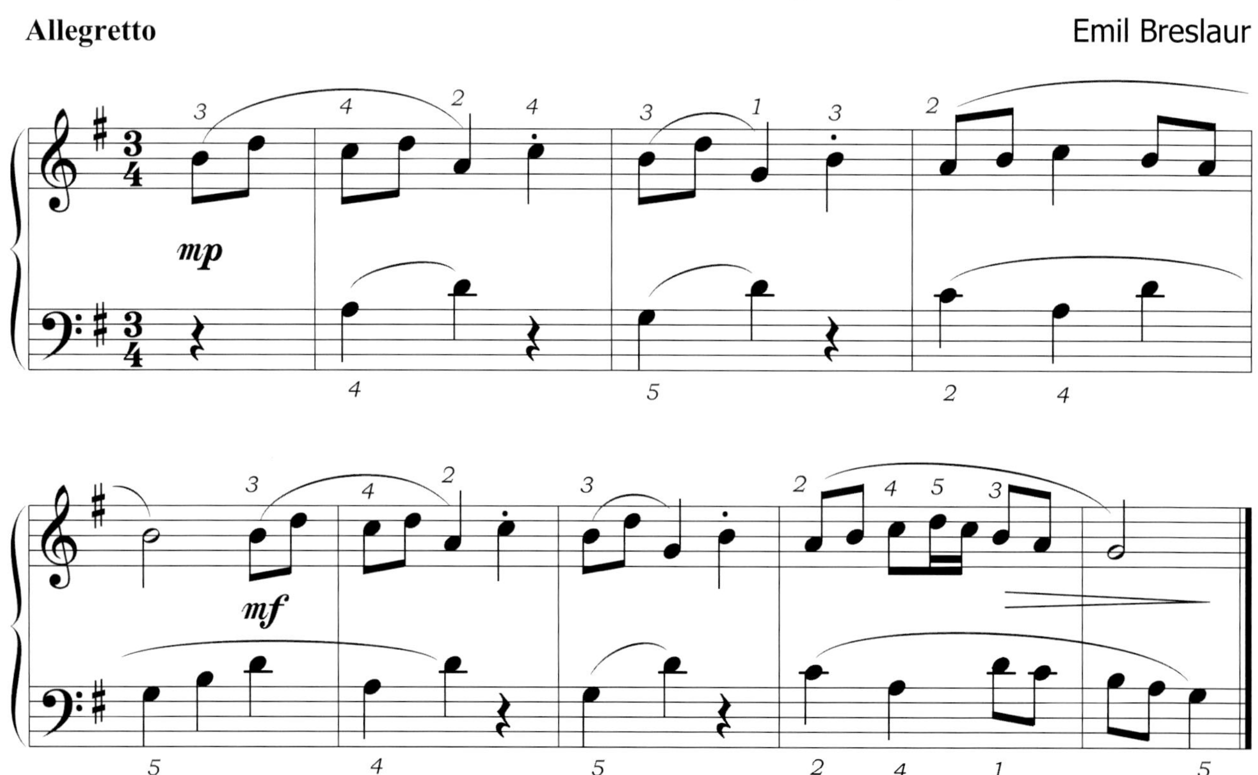

Menuett

Moderato

Leopold Mozart

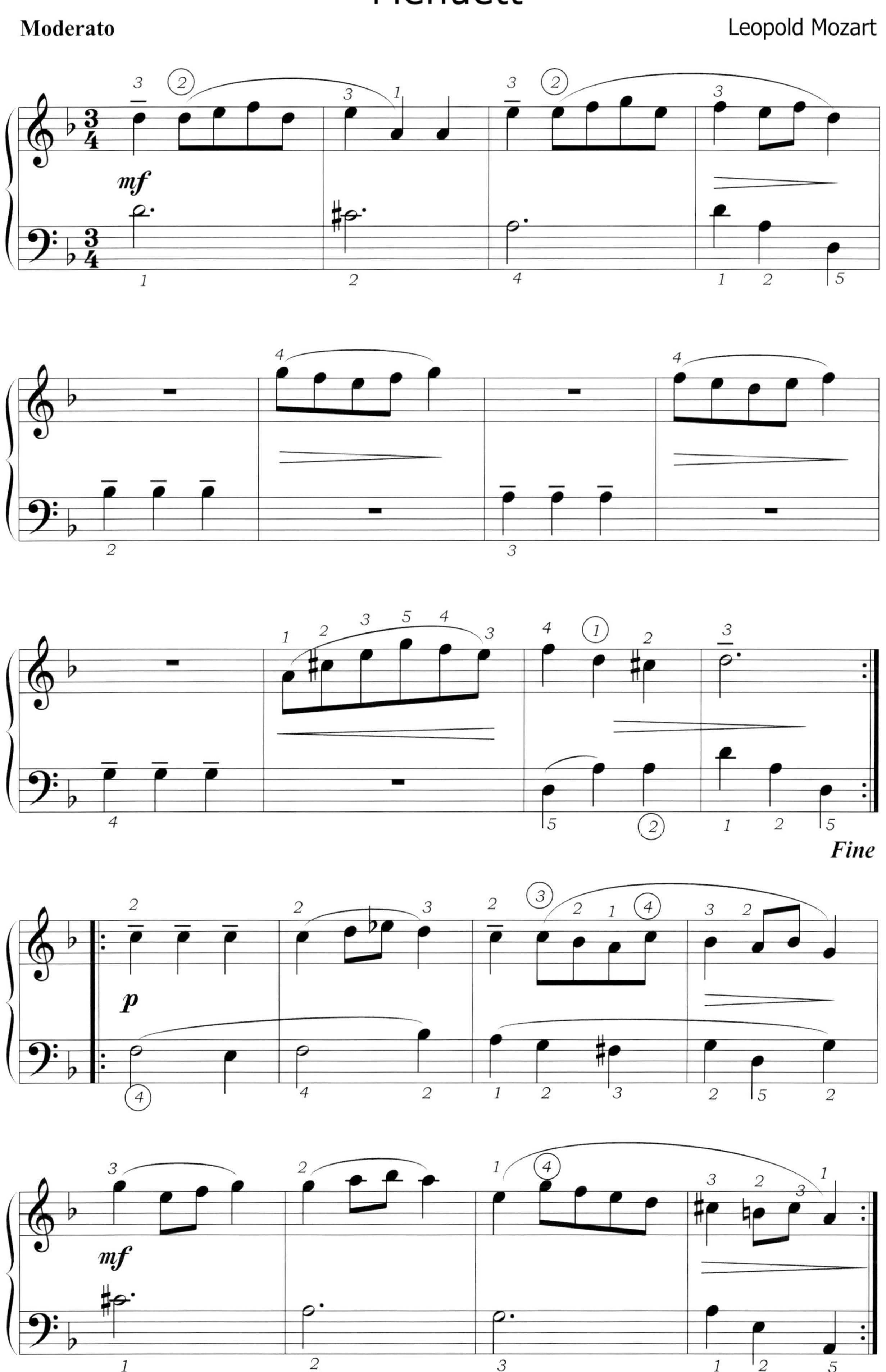

Trompeter

Allegretto

Carl Czerny

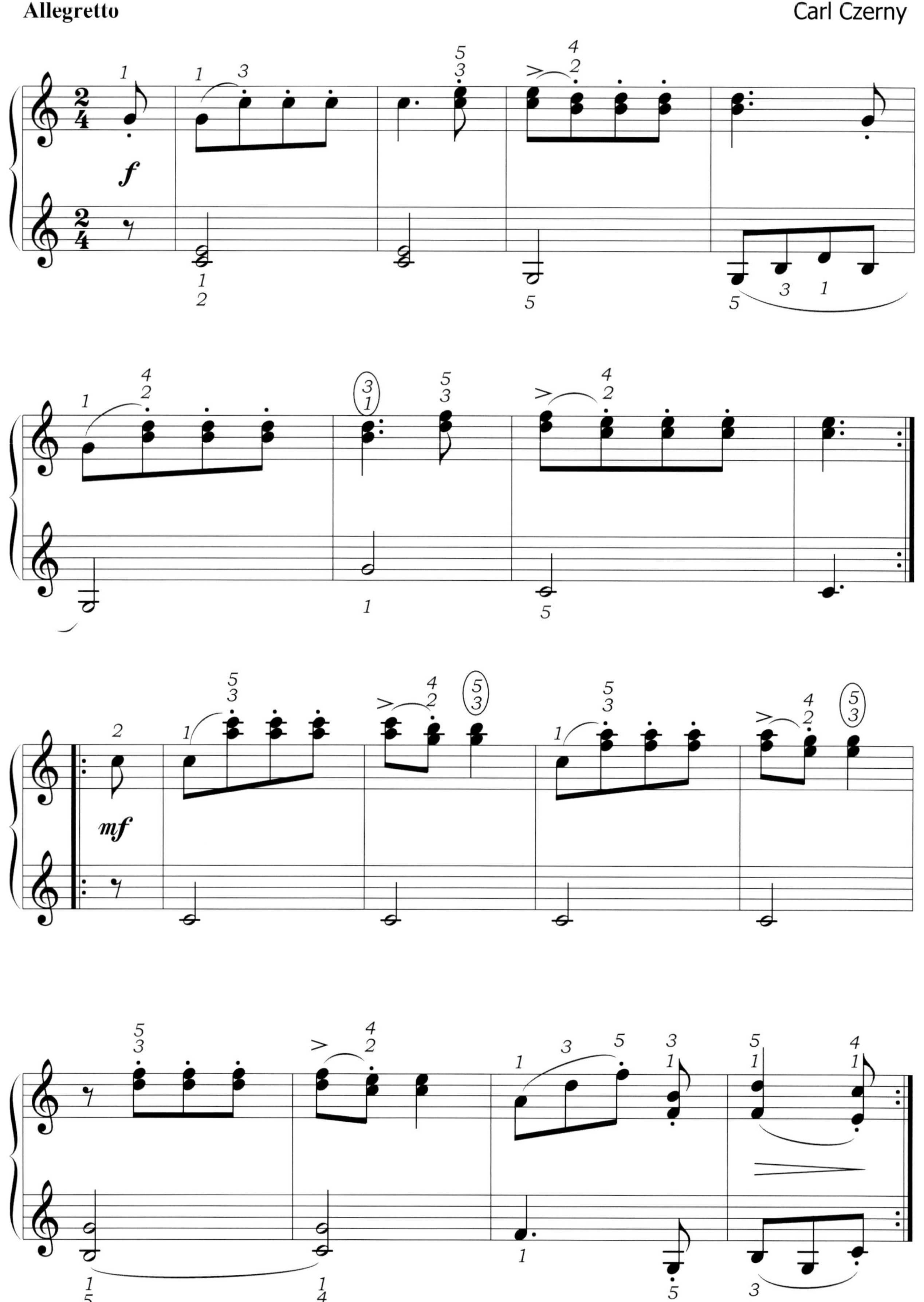

Im Garten

Moderato

Louis Köhler

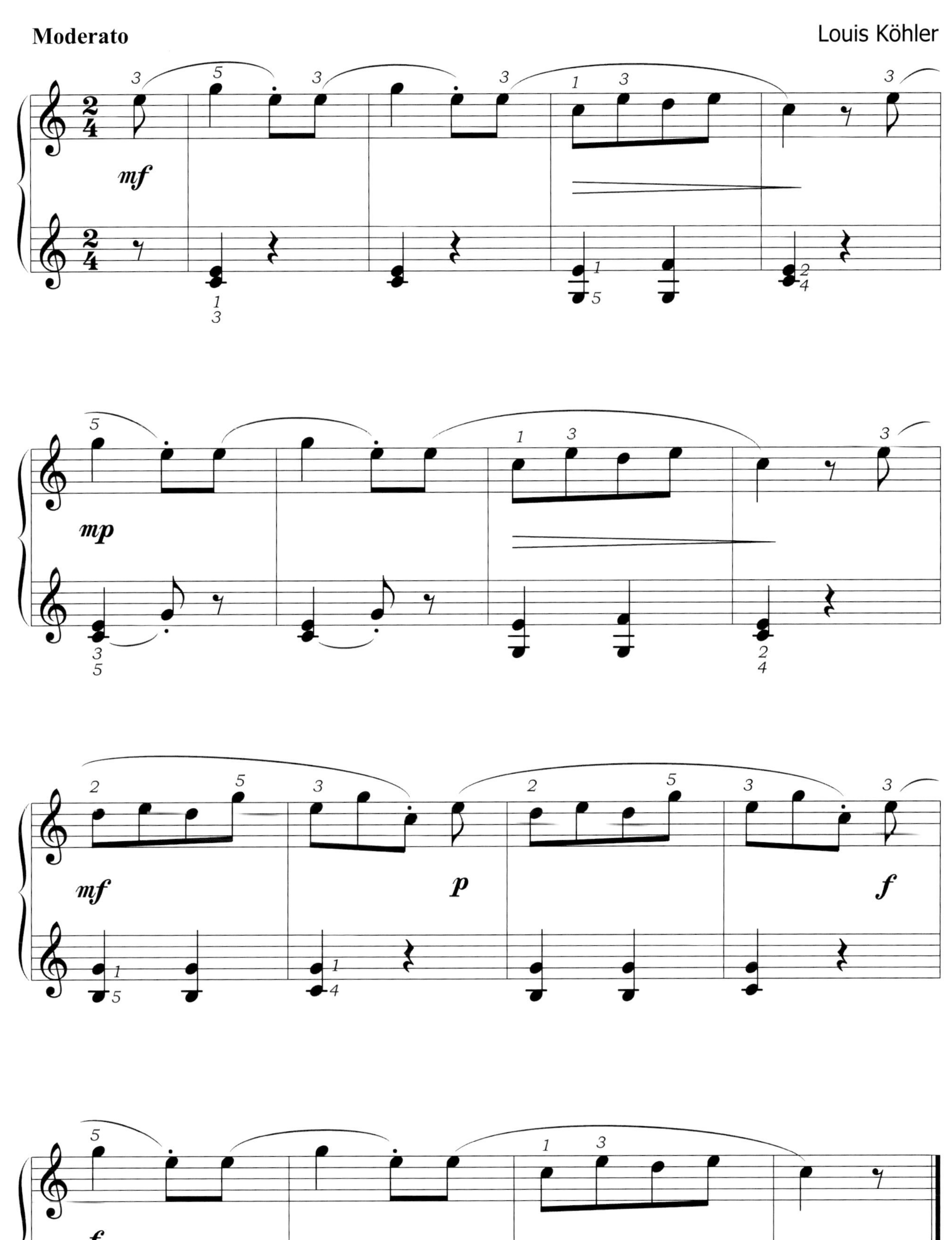

Am Springbrunnen

In ruhiger Bewegung

Linda Berg

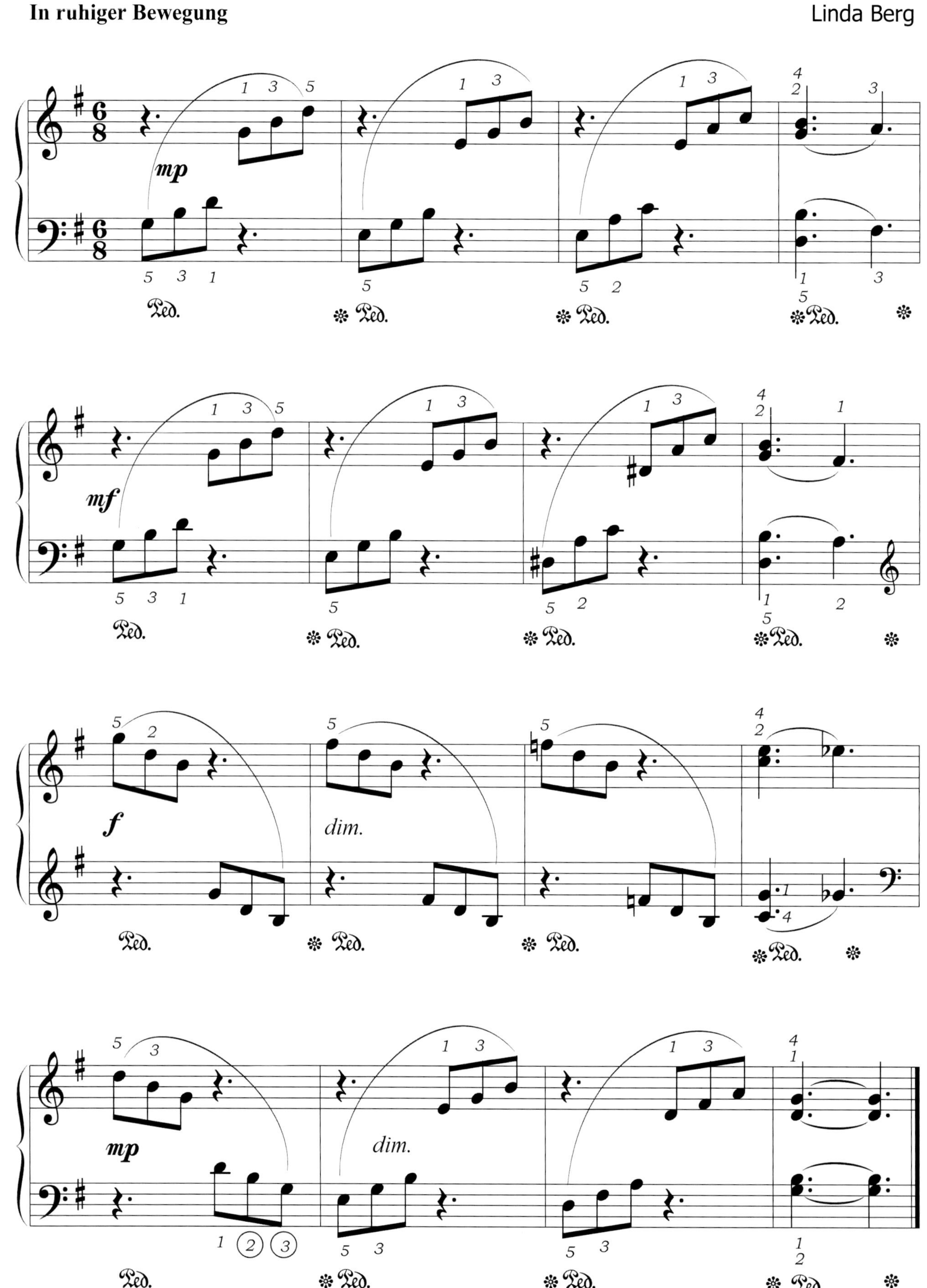

Sommer

Allegretto

Daniel Gottlob Türk

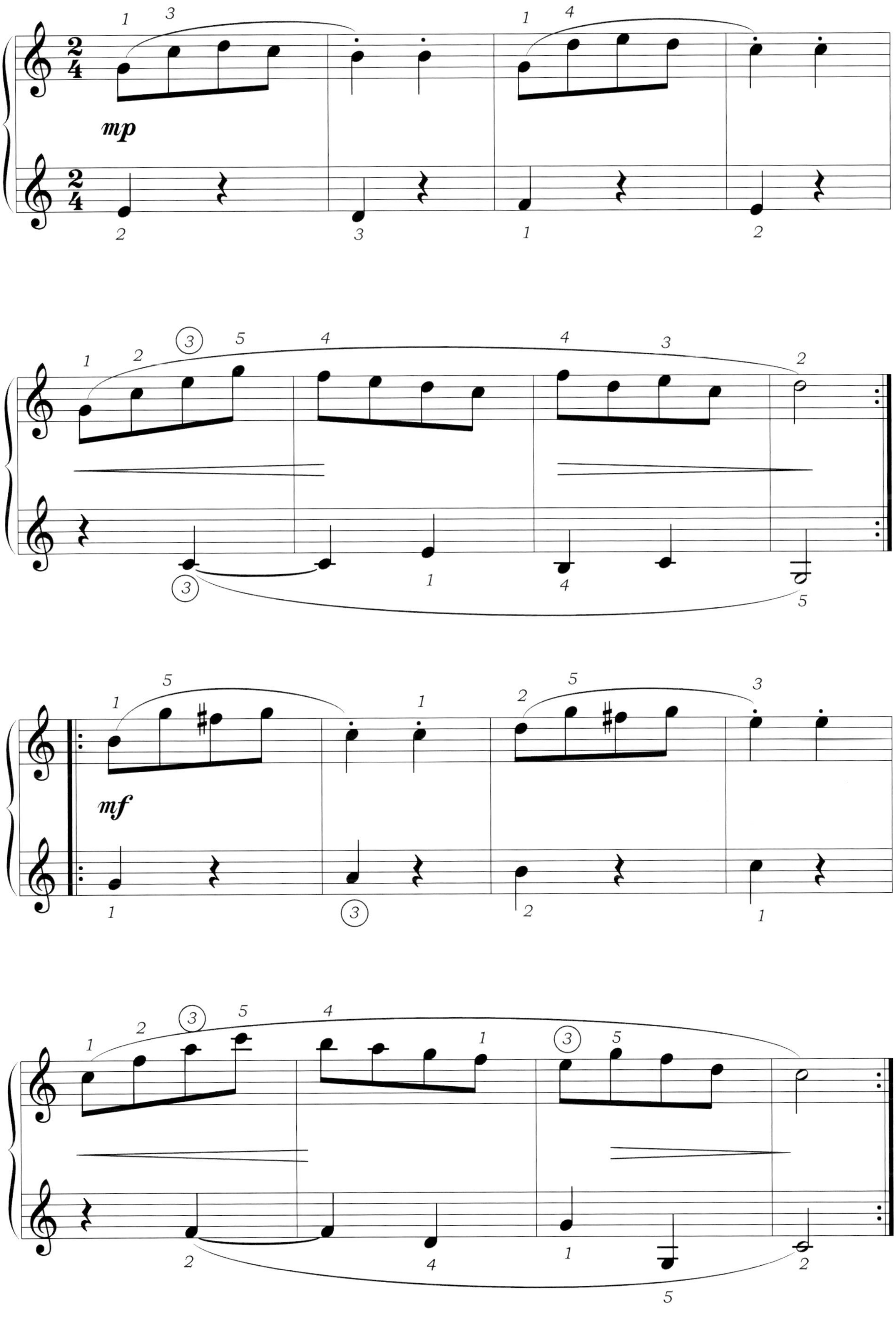

mp

mf

Noten auf Hilfslinien unten im Violinschlüssel:

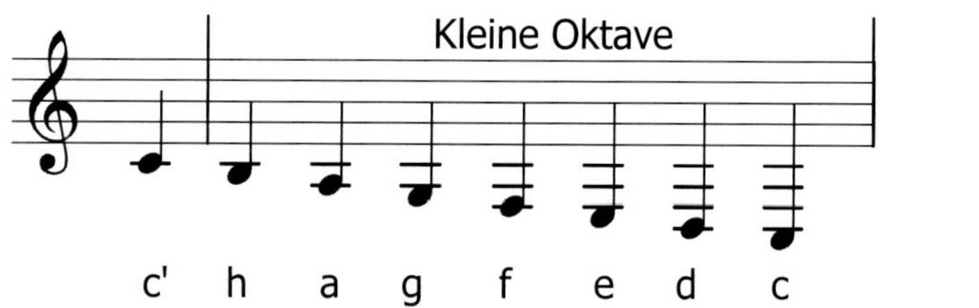

Spielende Kinder

Lebhaft, leicht

Linda Berg

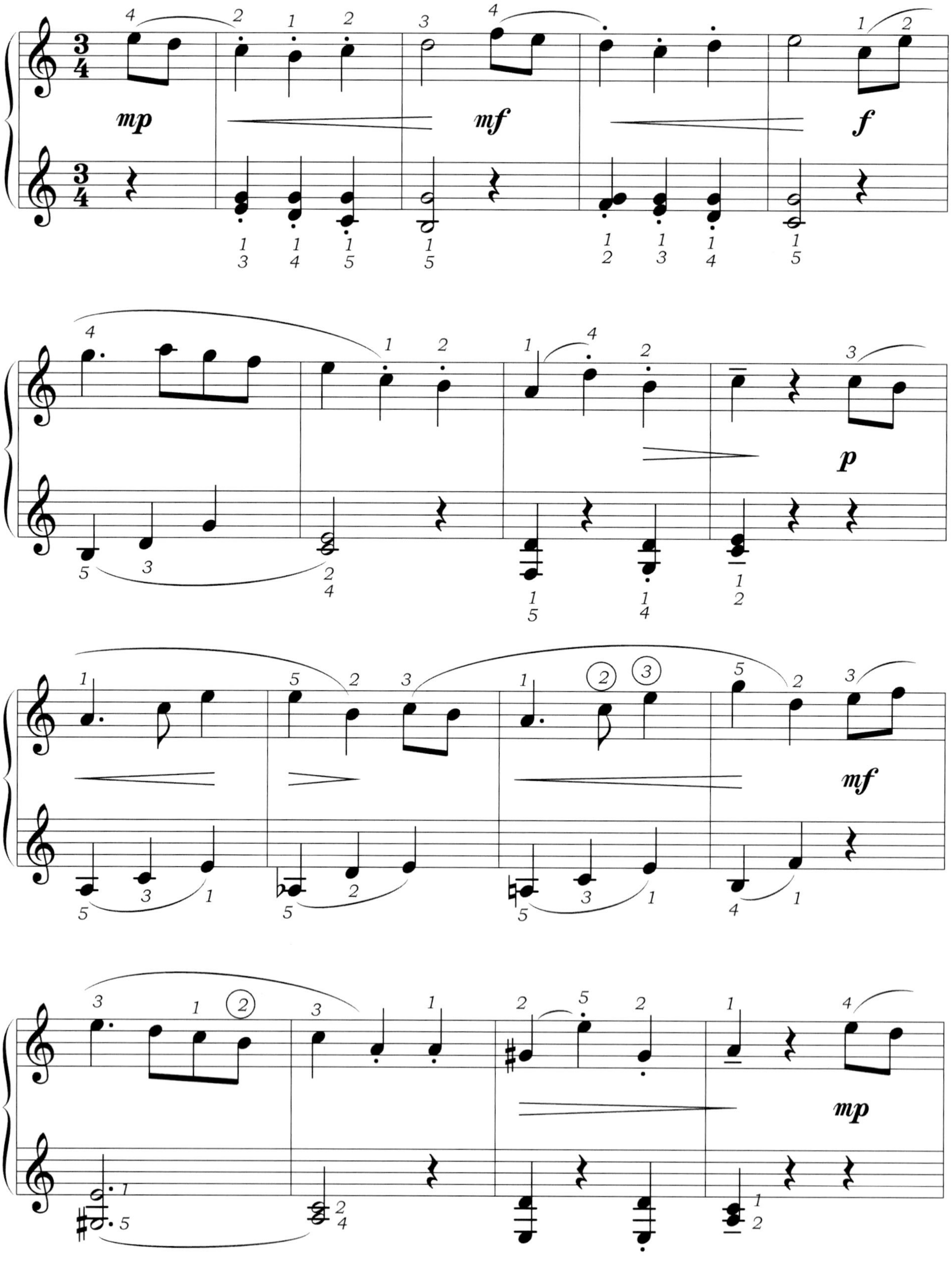

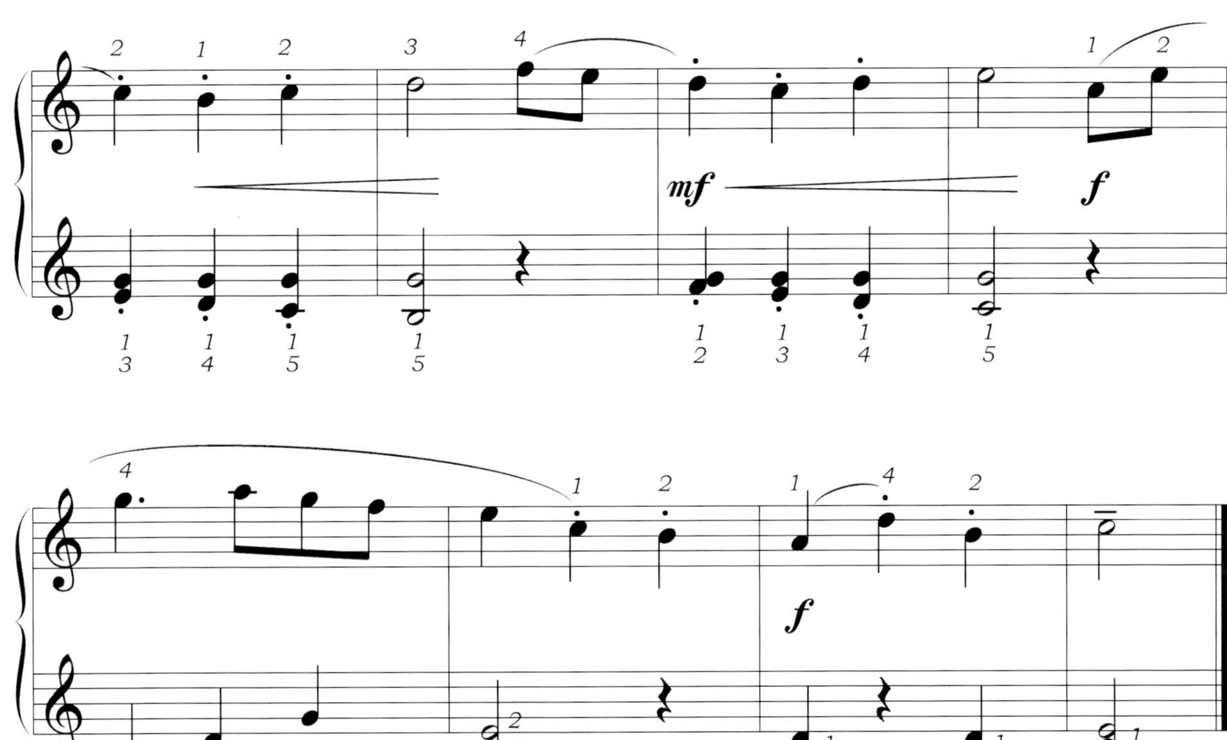

☼ 𝄵 alla breve ist $\frac{2}{2}$ Zwei-Halbe-Takt und er wird in Halben Noten gezählt: 1 - 2 - .
Die Musik im alla breve Takt wird meistens etwas schneller gespielt.

Gavotte

Georg Philipp Telemann

Moderato

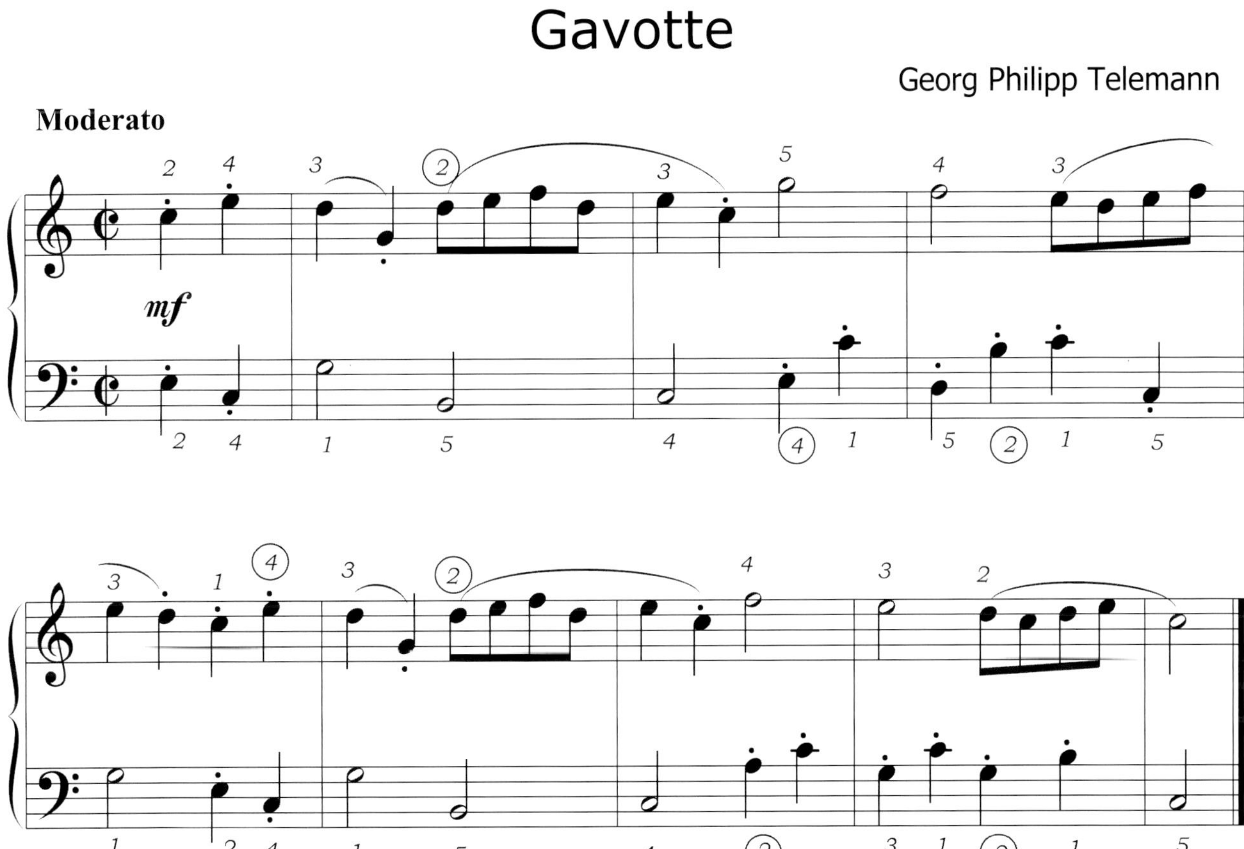

Der Abend am Meer

In ruhiger Bewegung

Linda Berg

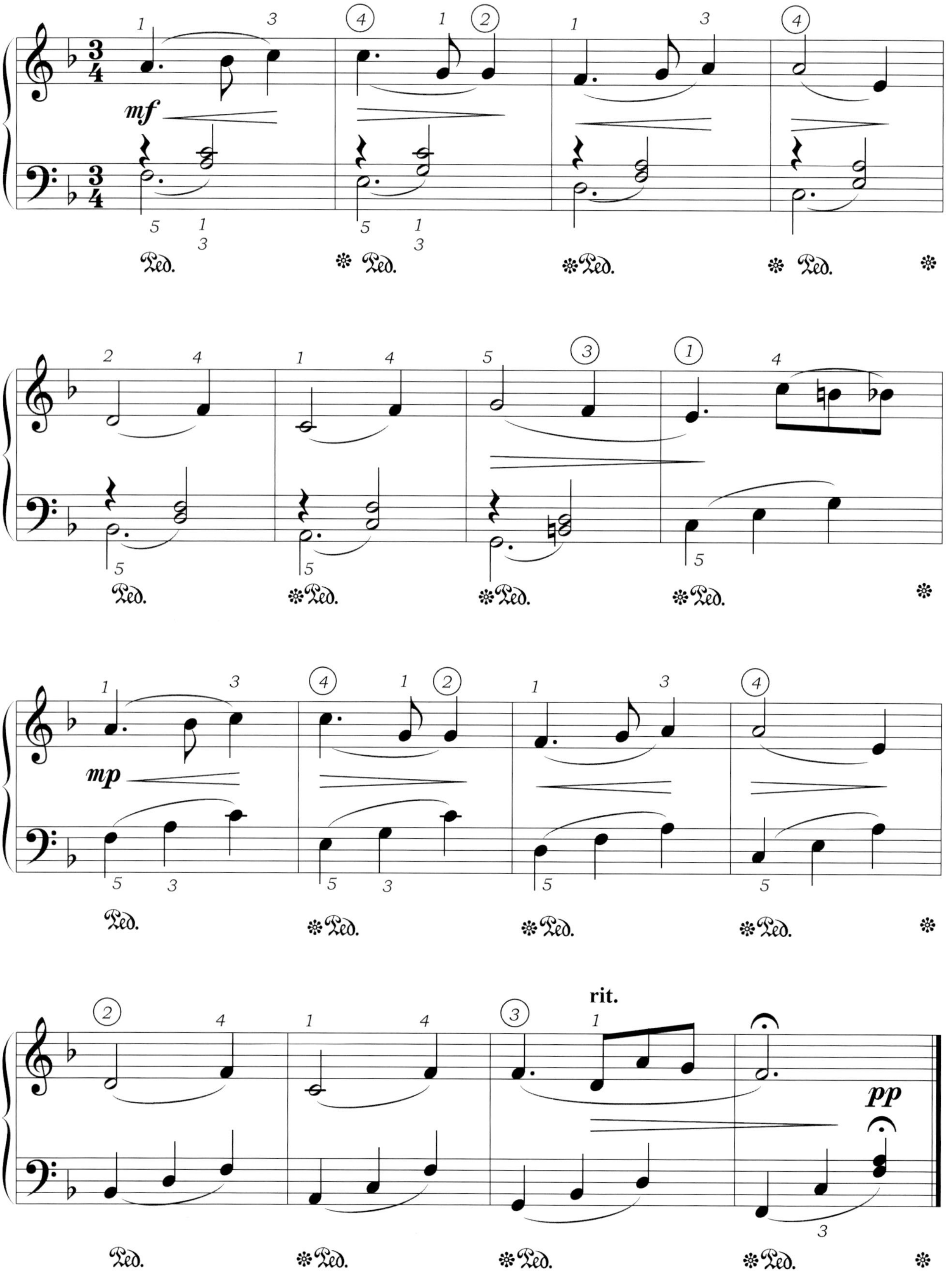

Beim Ballspiel

Mäßig schnell

Max Paul Heller

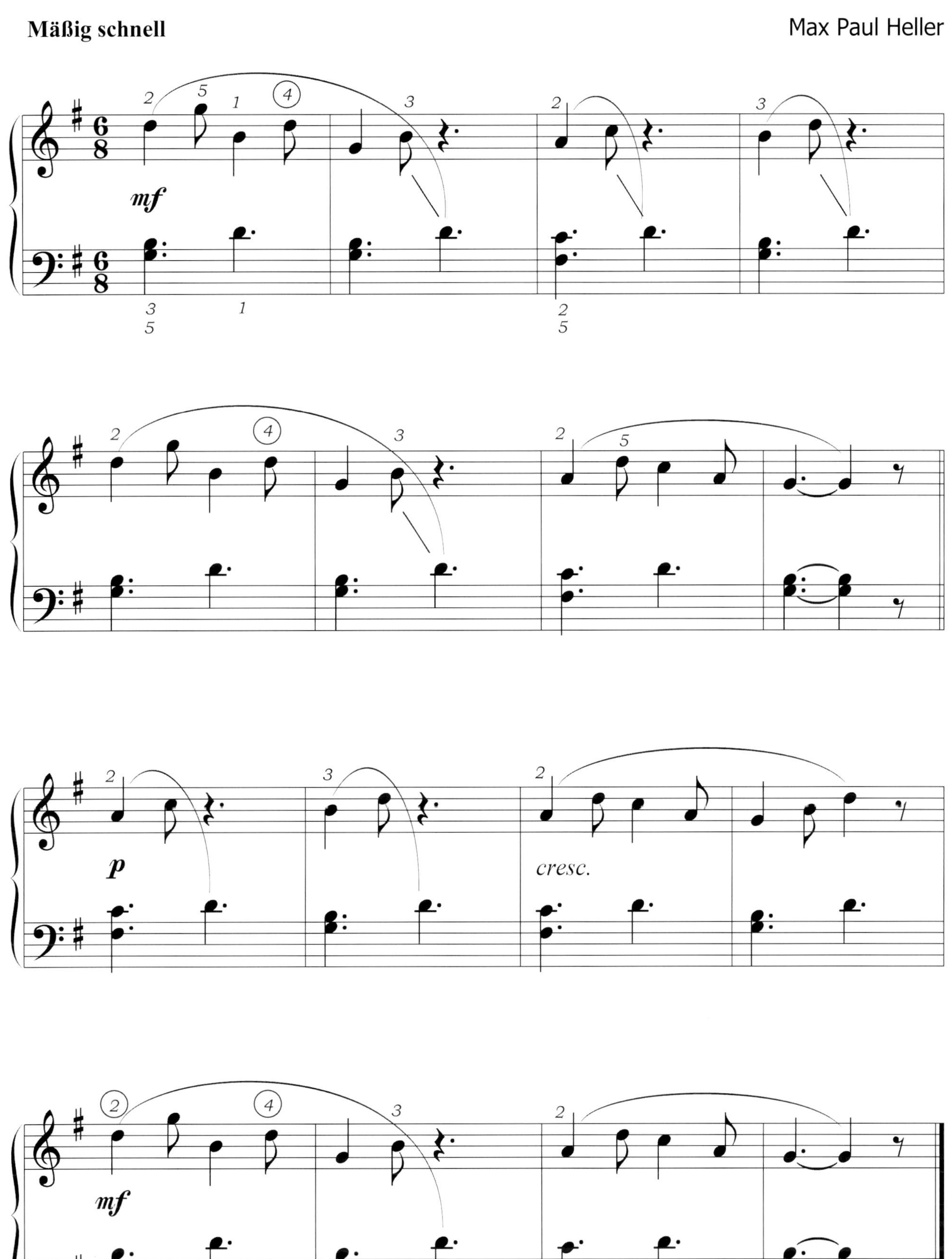

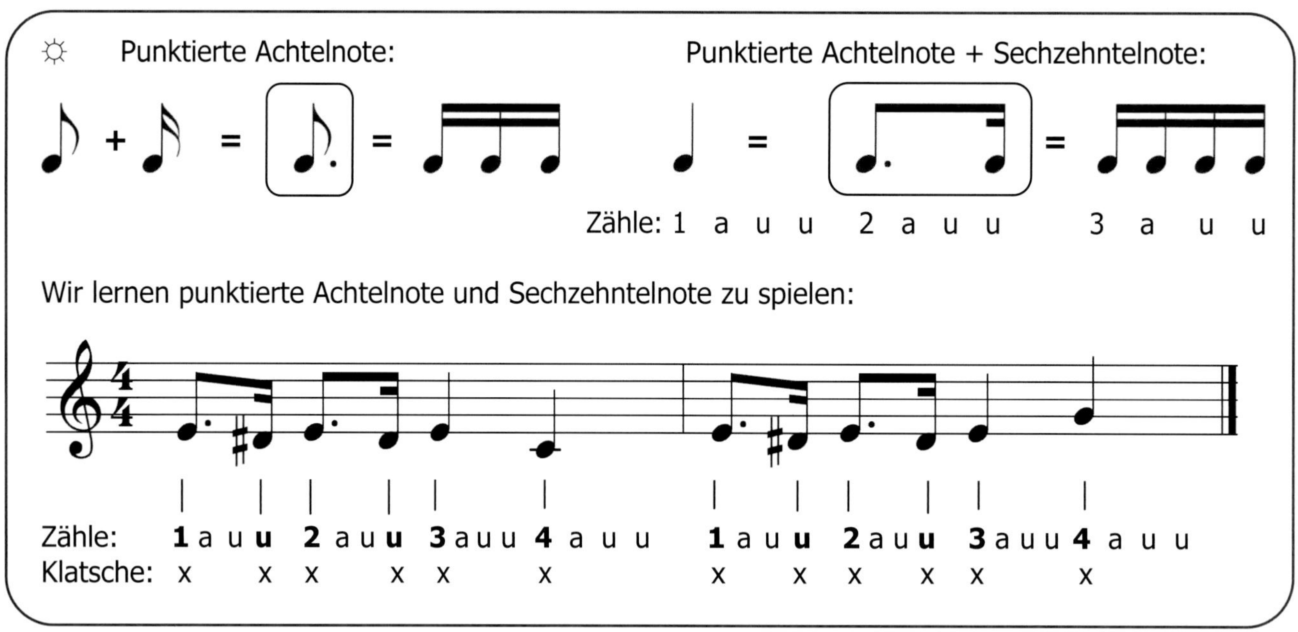

Das Pony Jonny

Lebhaft, lustig

Linda Berg

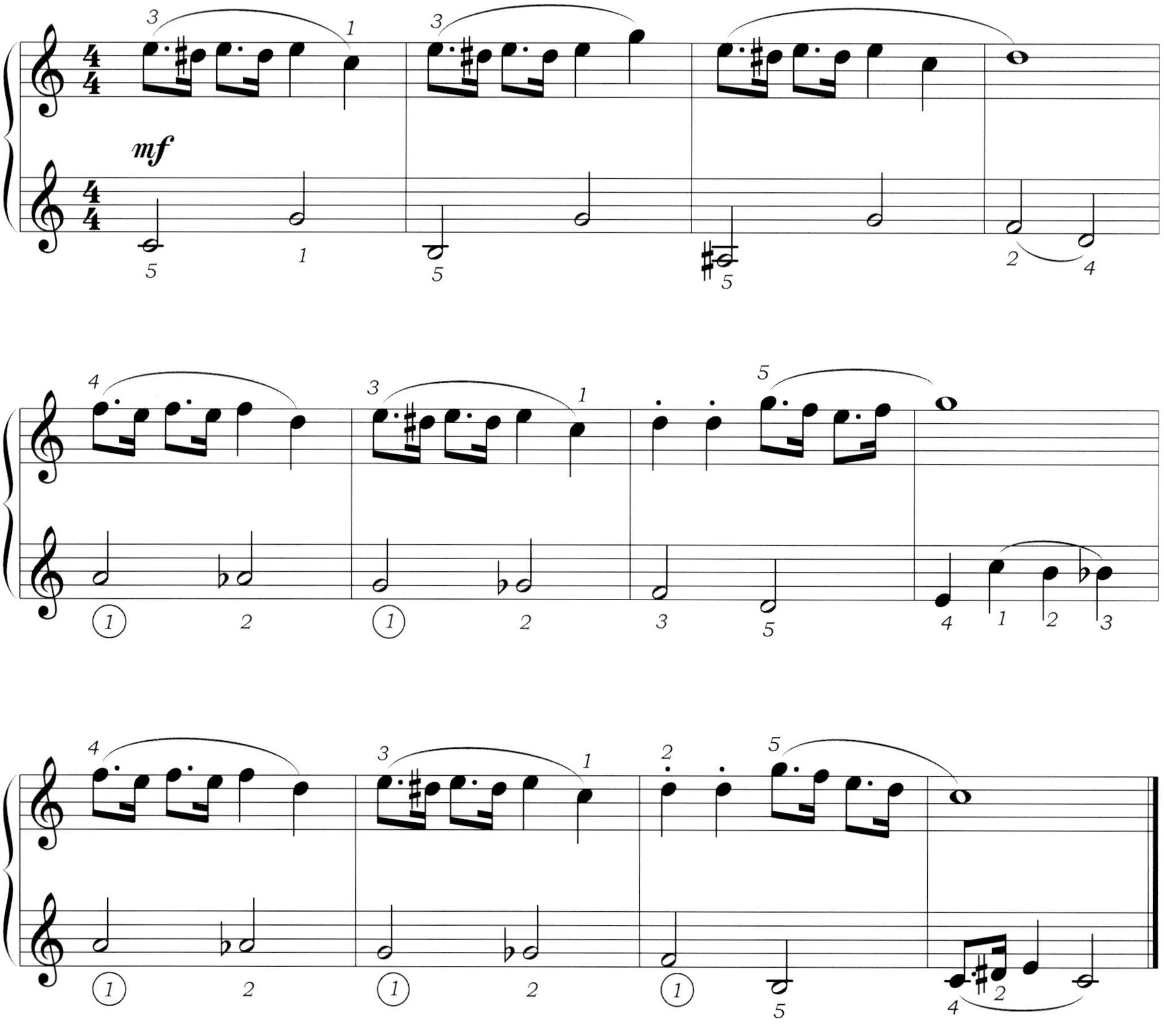

mf

Deutscher Tanz

Allegretto

Ludwig van Beethoven

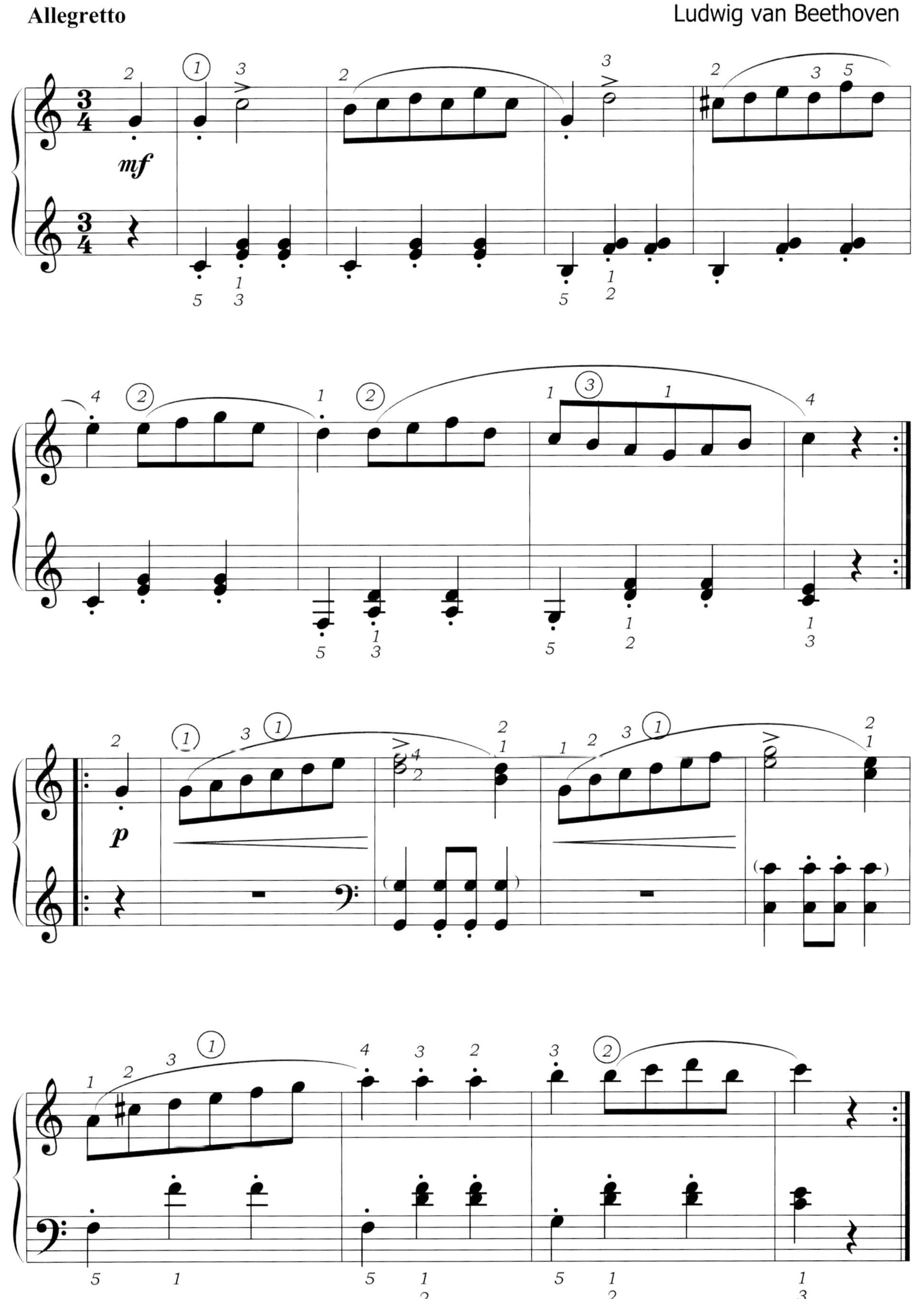

Ringeltanz

Allegretto

Theodor Oesten

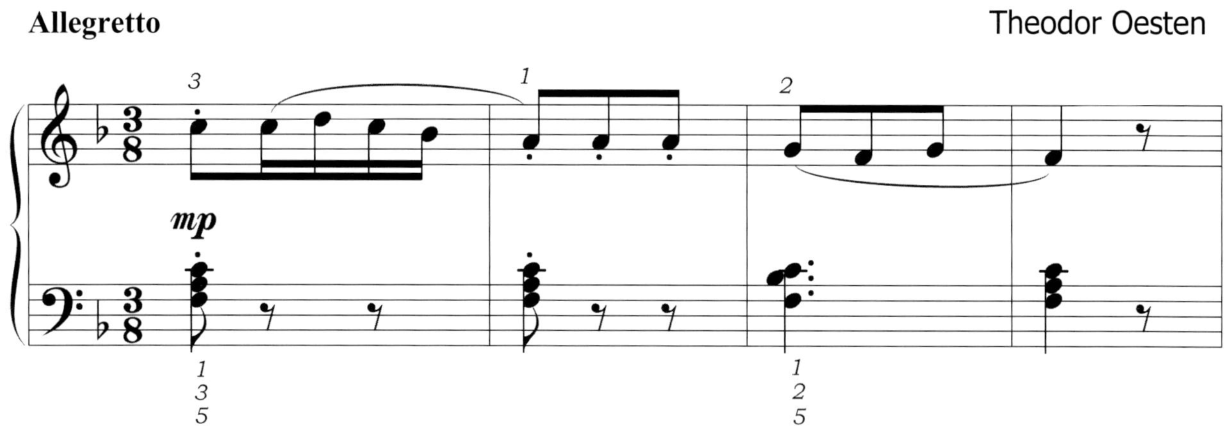

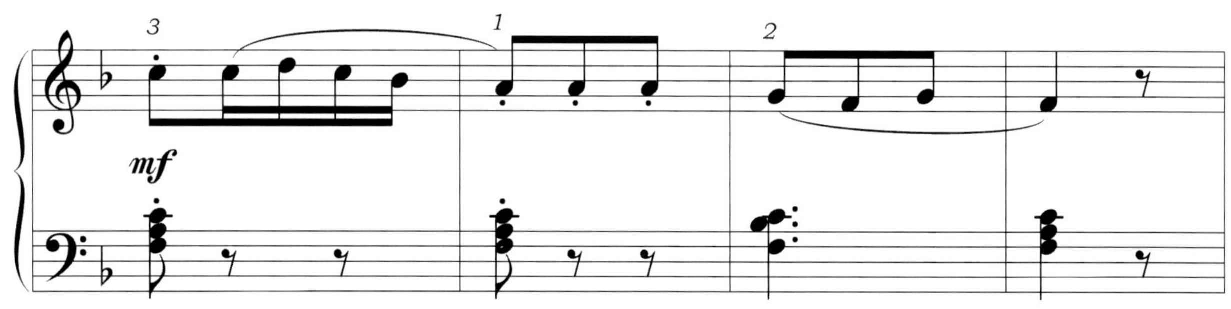

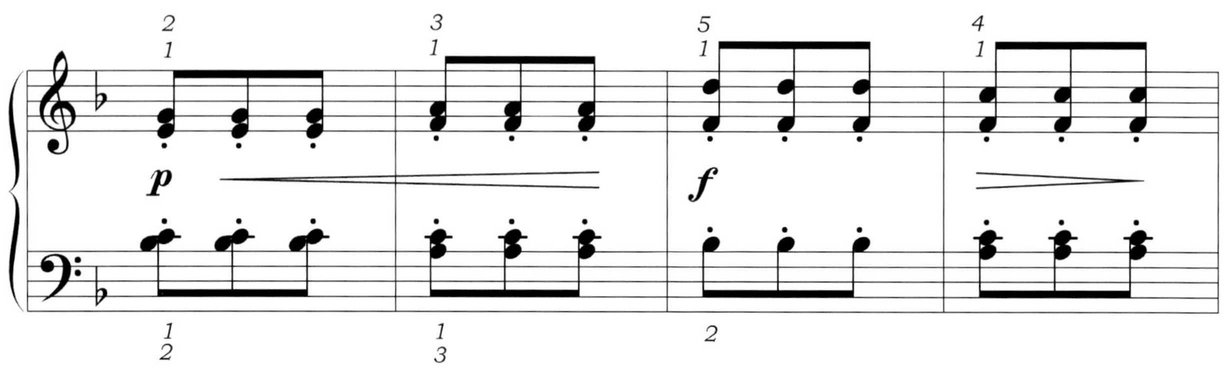

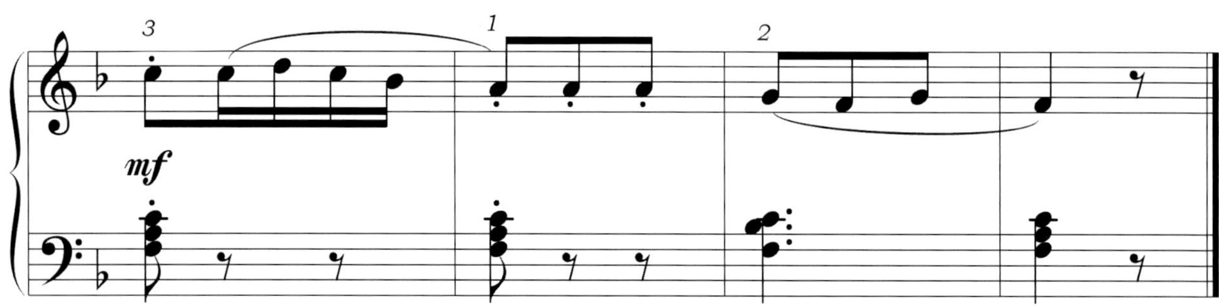

Die kleine Ballerina

Louis Köhler

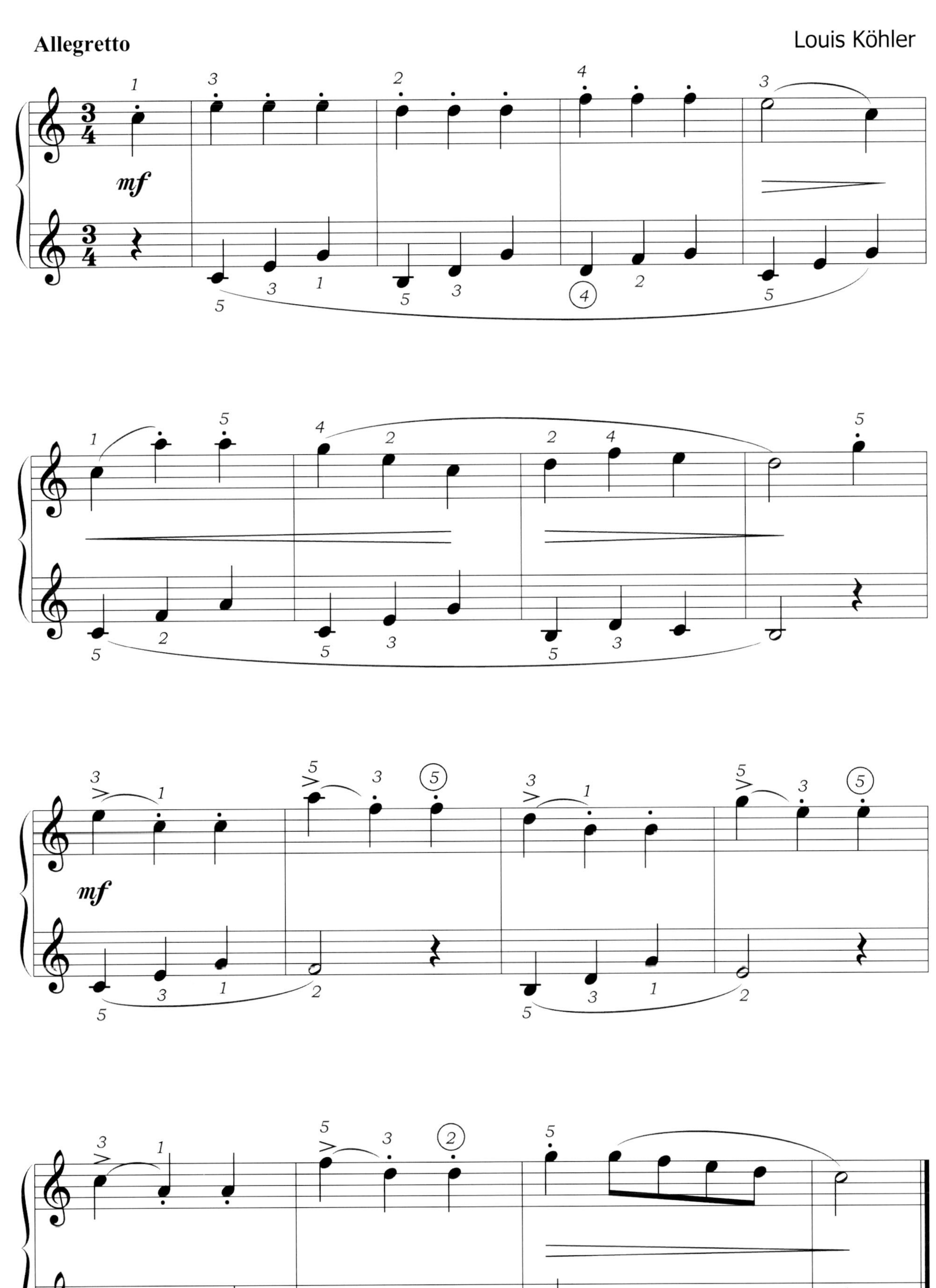

Circus Pferdchen

Lebhaft, leicht

Linda Berg

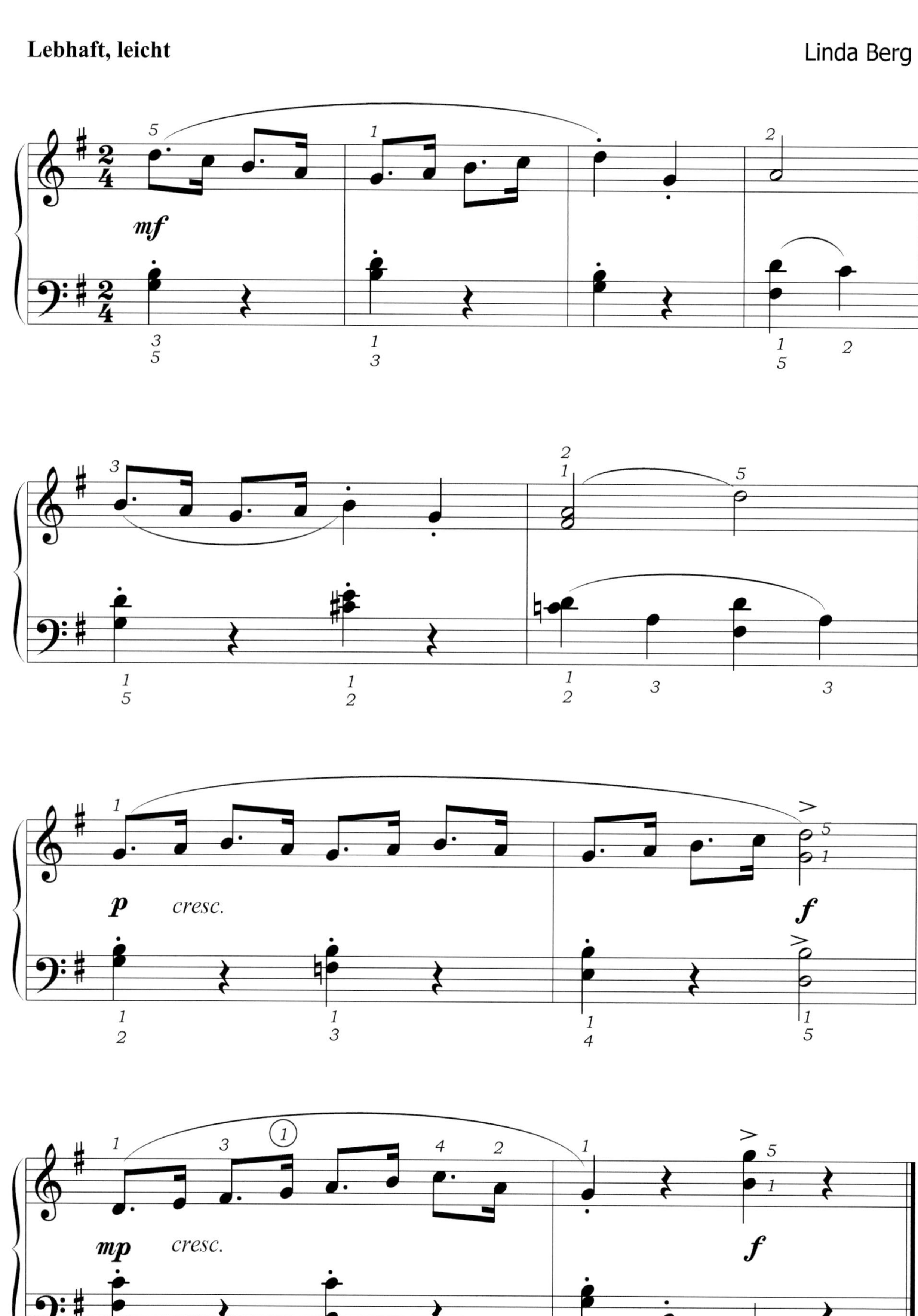

Auf der Frühlingswiese

nach Op. 249 Nr. 27

Allegretto

Louis Köhler

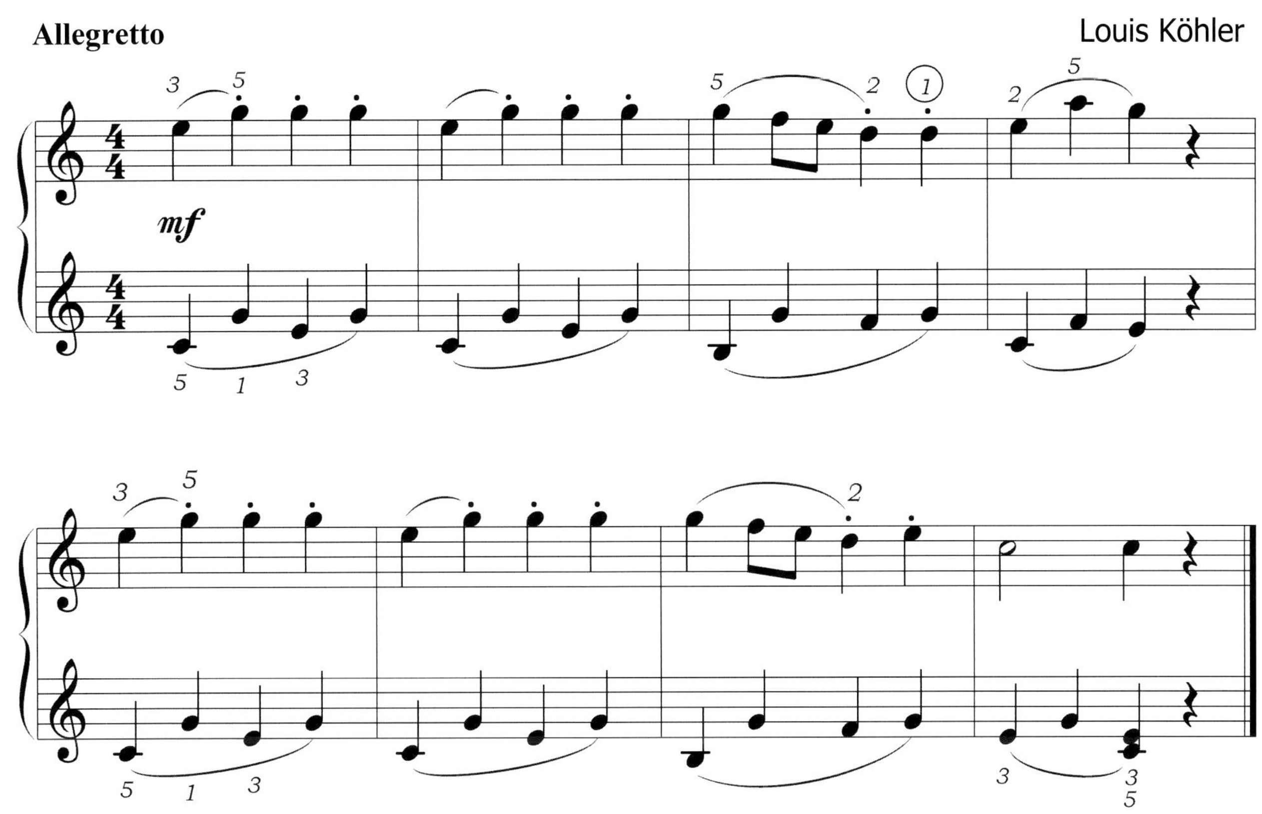

Gavotte

Con grazia

Emil Breslaur

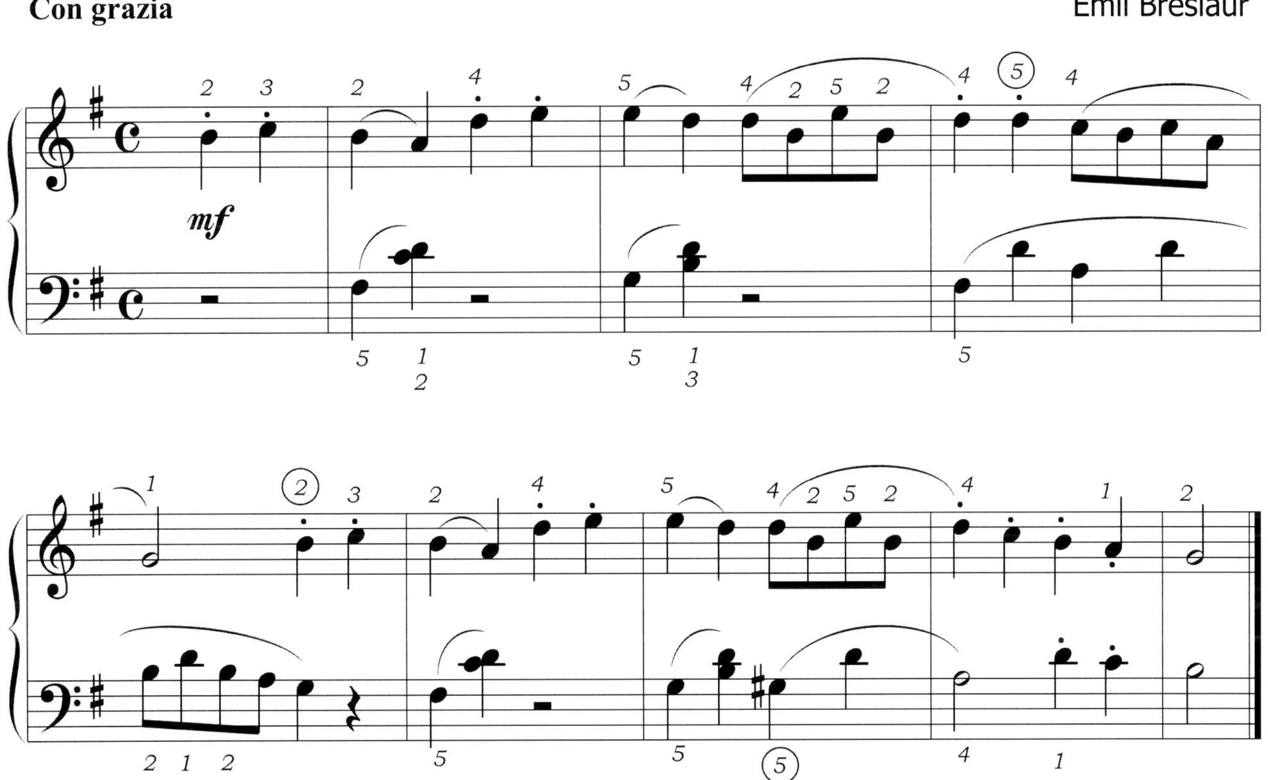

Kuckuckswalzer

Lustig

Theodor Oesten

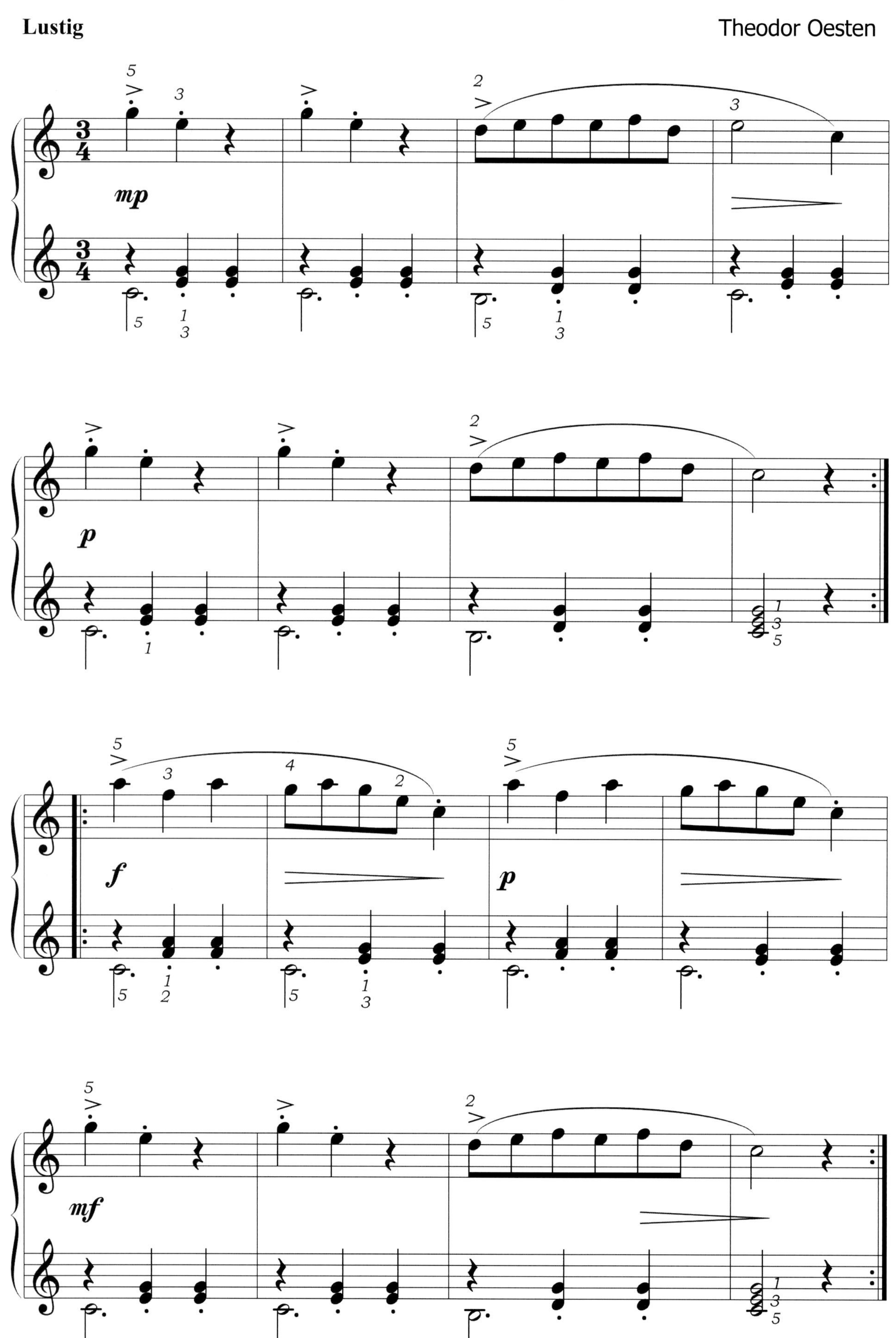

Alle Vögel sind schon da

Text: Heinrich Hoffmann Fallersleben
Musik: Marie Nathasius

Alle Vögel sind schon da,
alle Vögel, alle.
Welch ein Singen, Musizier'n,
Pfeifen, Zwitschern, Tirilier'n;
Frühling will nun einmarschier'n,
Kommt mit Sang und Schalle.

Wie sie alle lustig sind,
Flink und froh sich regen.
Amsel, Drossel, Fink und Star
und die ganze Vogelschar
wünschen uns ein frohes Jahr,
Lauter Heil und Segen.

Allegretto

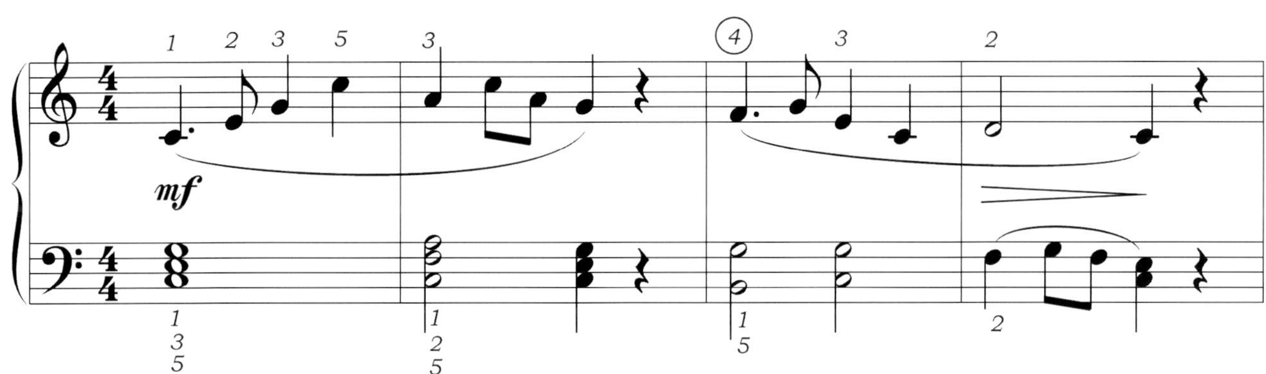

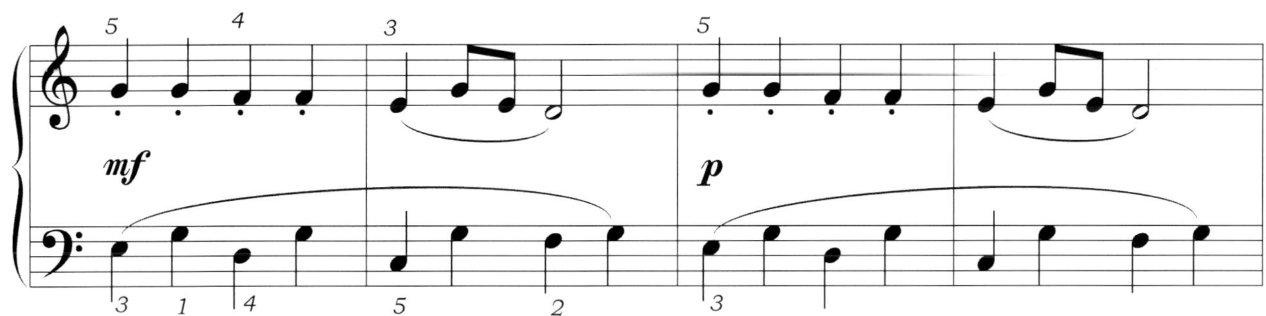

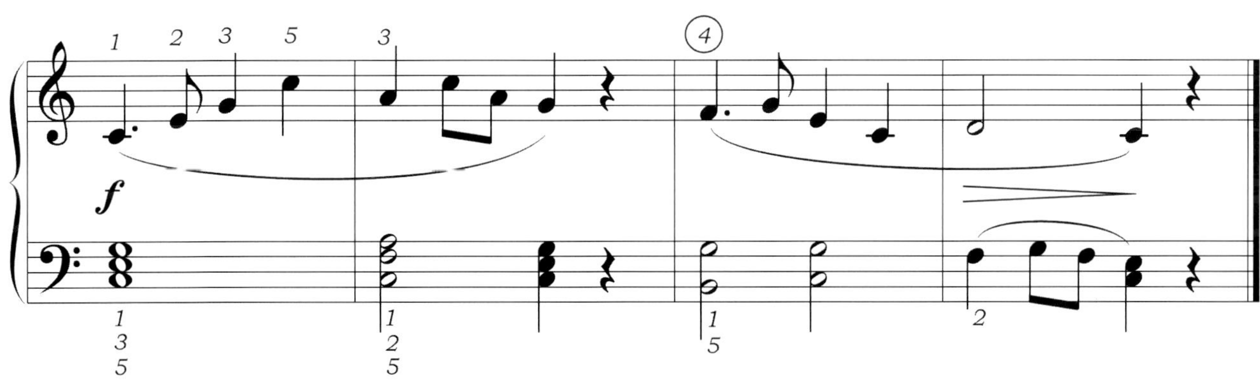

Es regnet

Moderato

Iraida Korenevsky

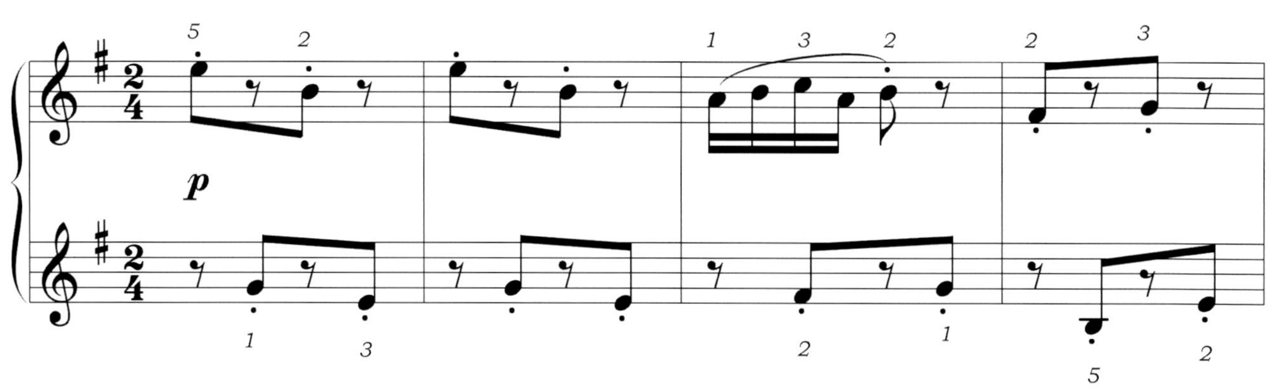

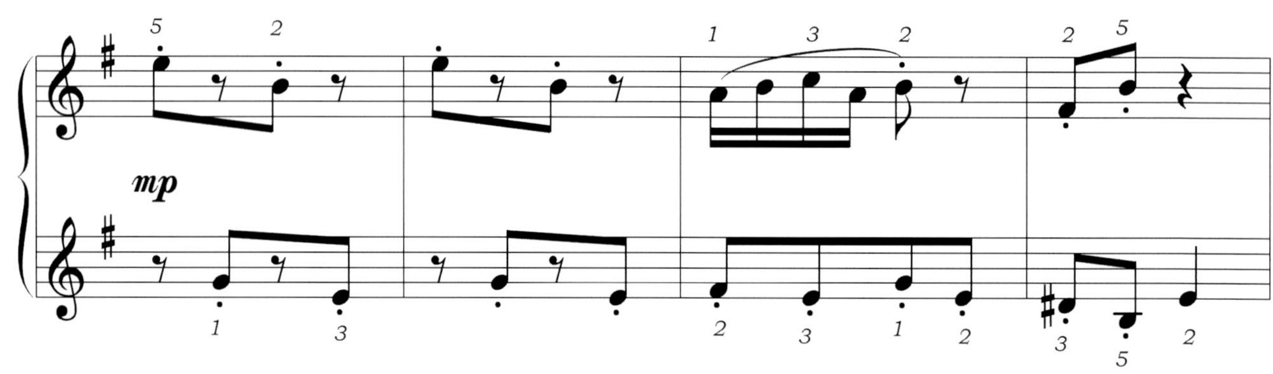

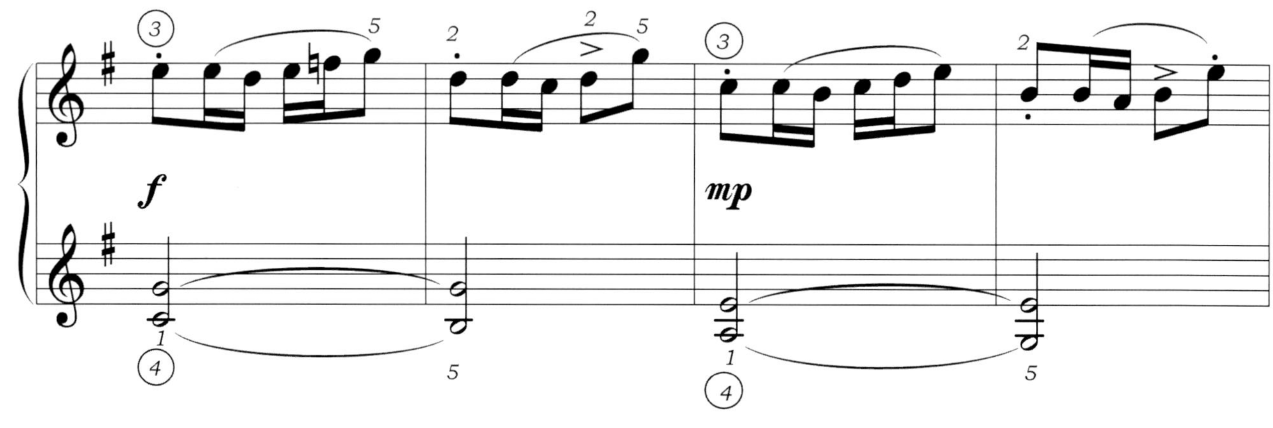

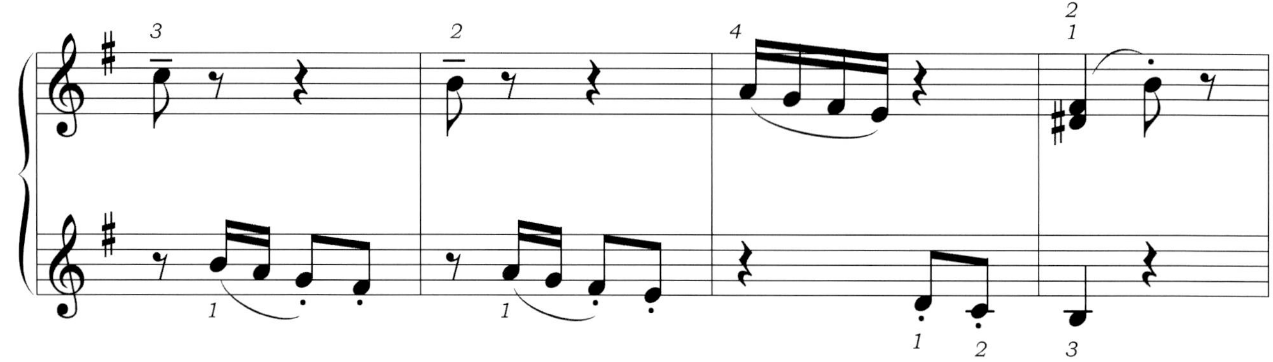

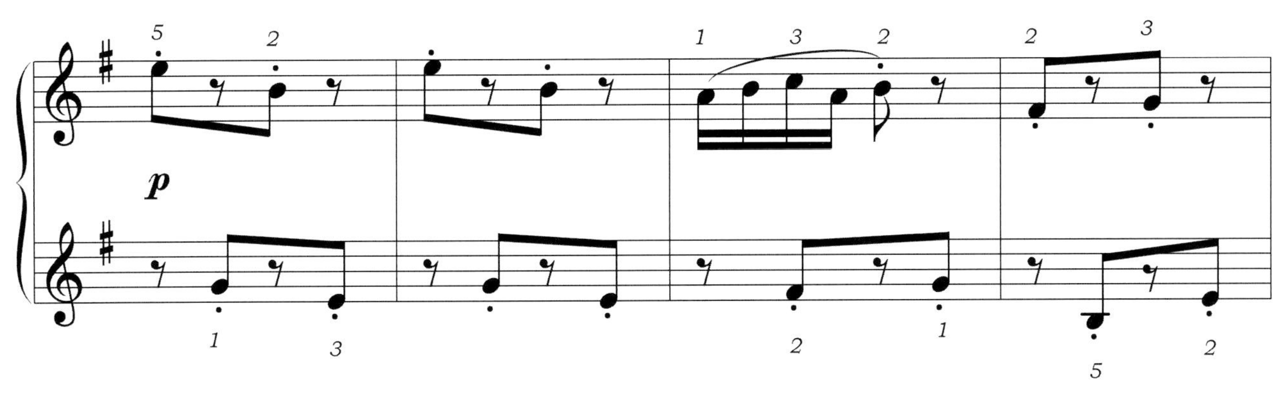

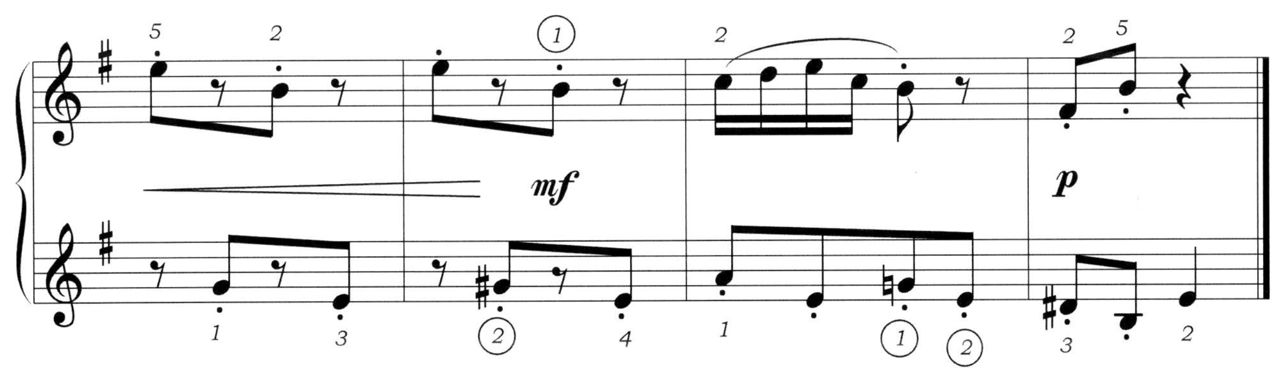

Der kleine Übermut

Max Paul Heller

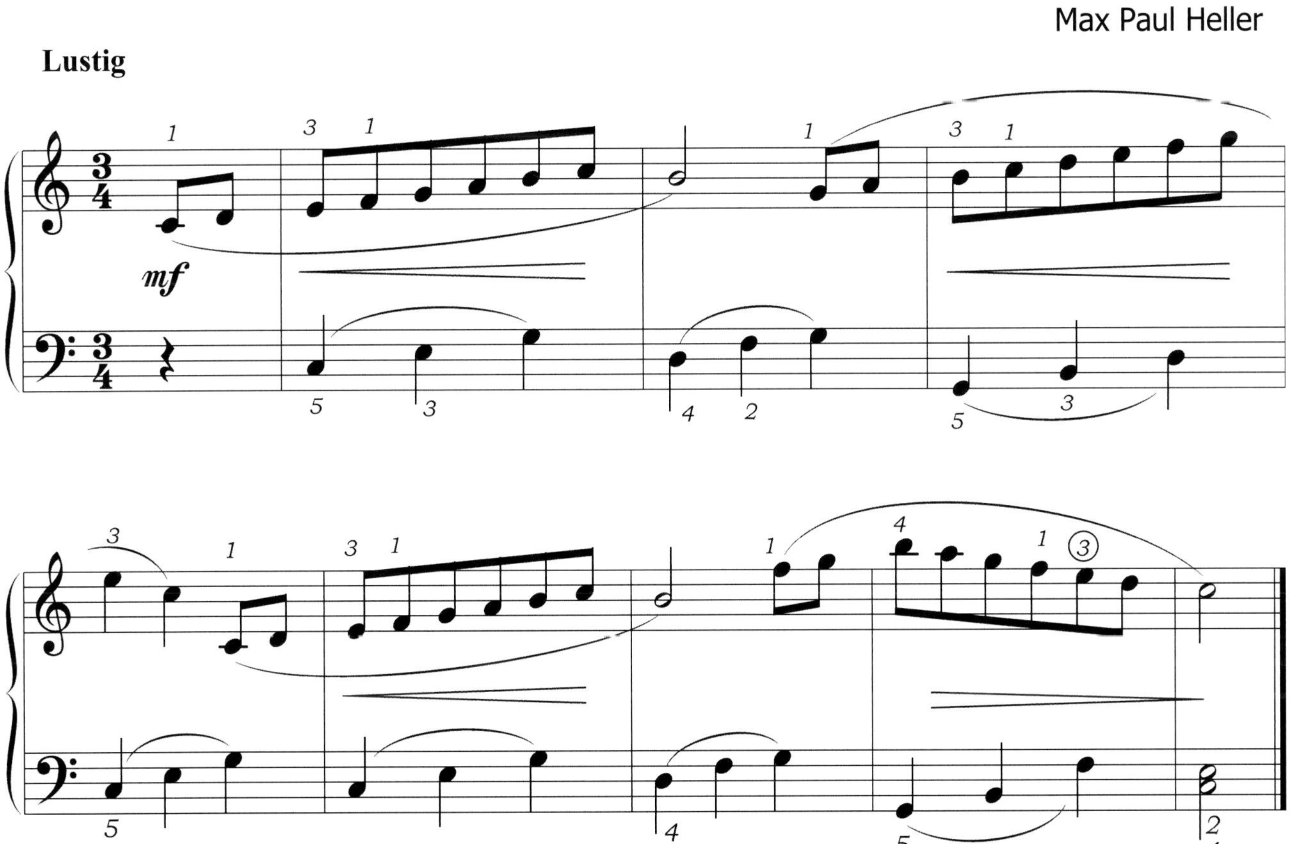

Festzug

Andante

Alexander Reinagle

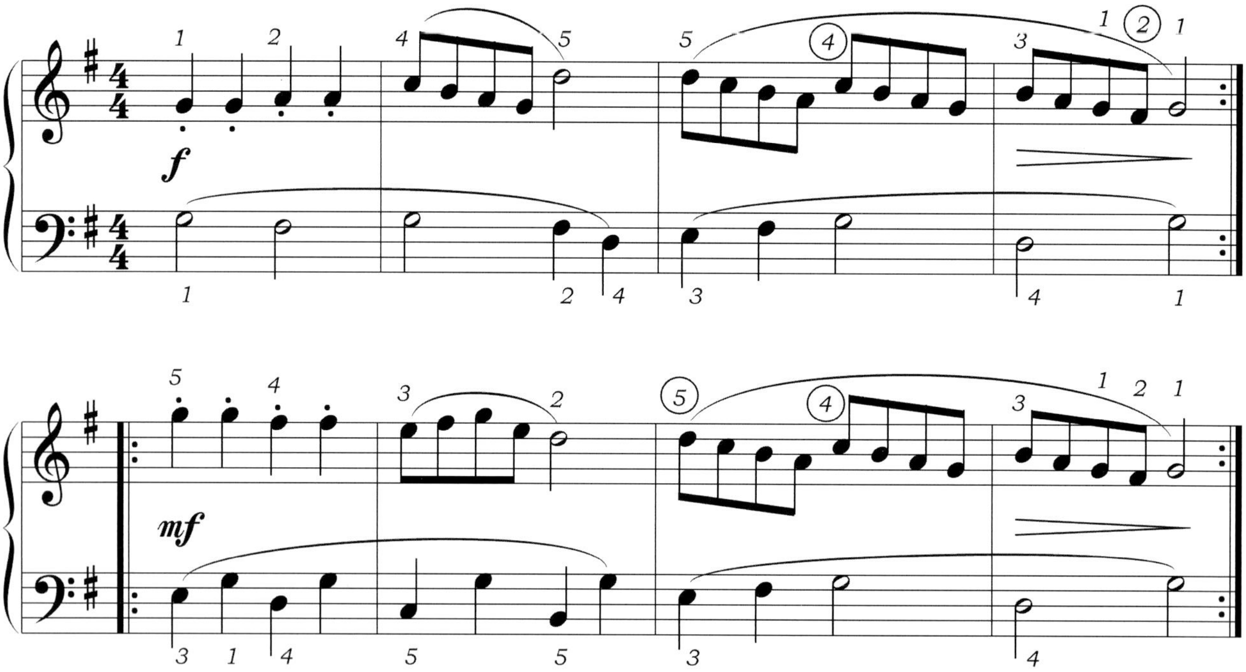

f

mf

Punktierte Achtelnote im 3/8-Takt

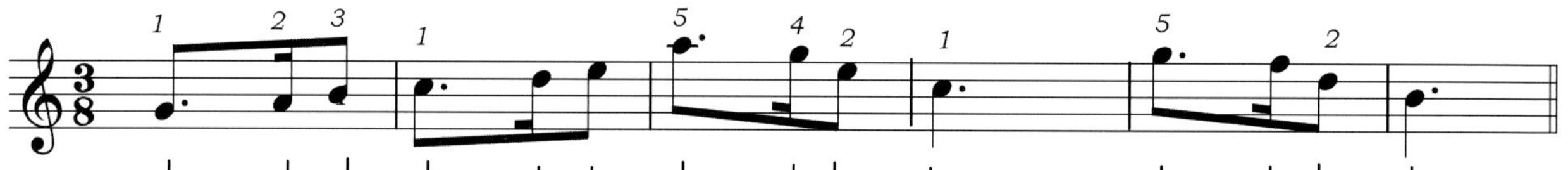

Zähle: **1** - 2 - **3** - **1** - 2 - **3** - **1** - 2 - **3** - **1** - 2 - 3 - **1** - 2 - **3** - **1** - 2 - 3 -

Klatsche: x x x x x x x x x x x x x x

Barkarole

Leicht bewegt, gesangvoll

Linda Berg

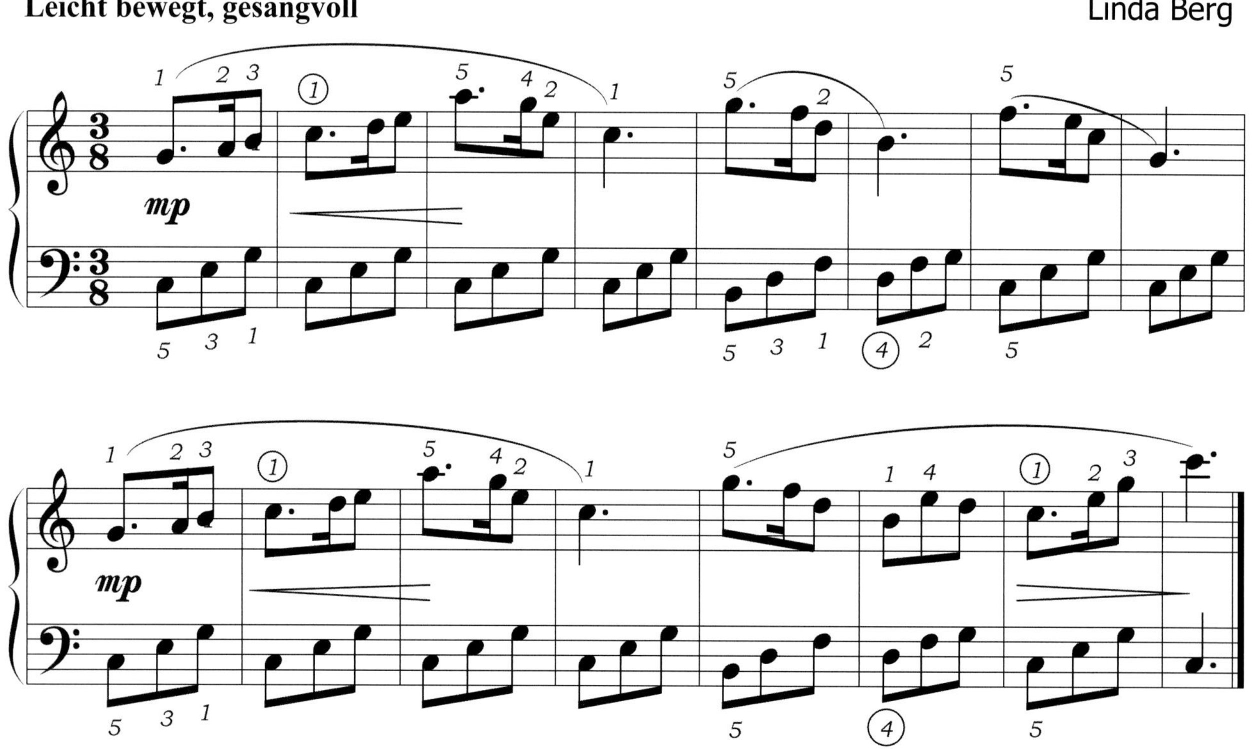

Sonne und Wolken

Allegretto

Cornelius Gurlitt

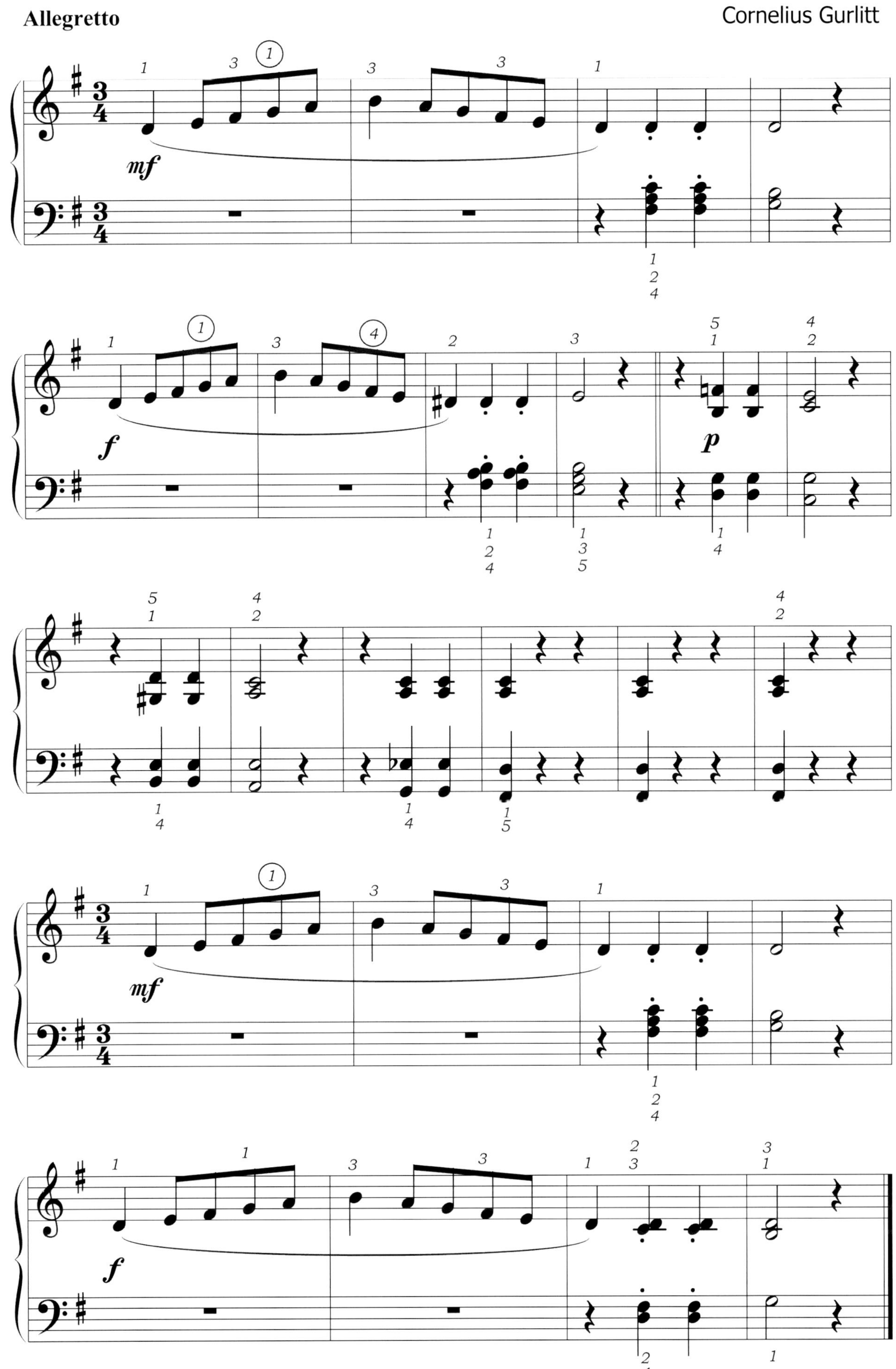

Bagatelle

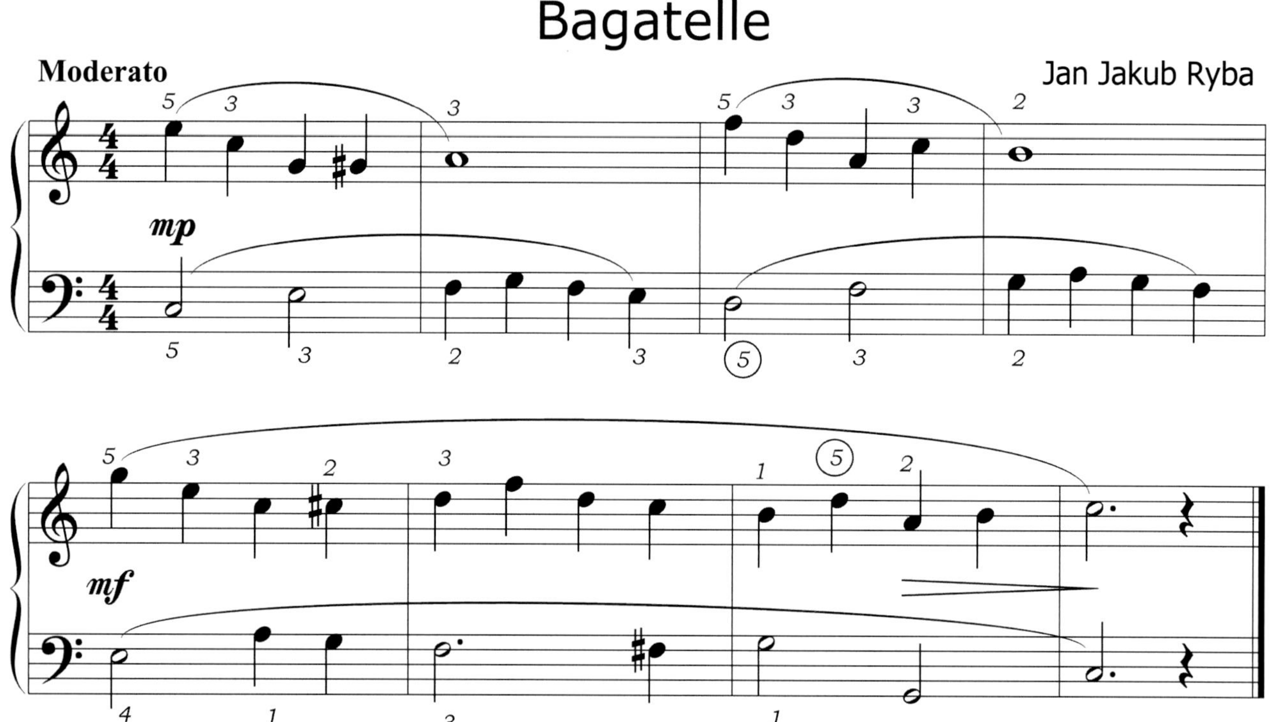

Lass uns träumen

In ruhiger Bewegung, zärtlich

Linda Berg

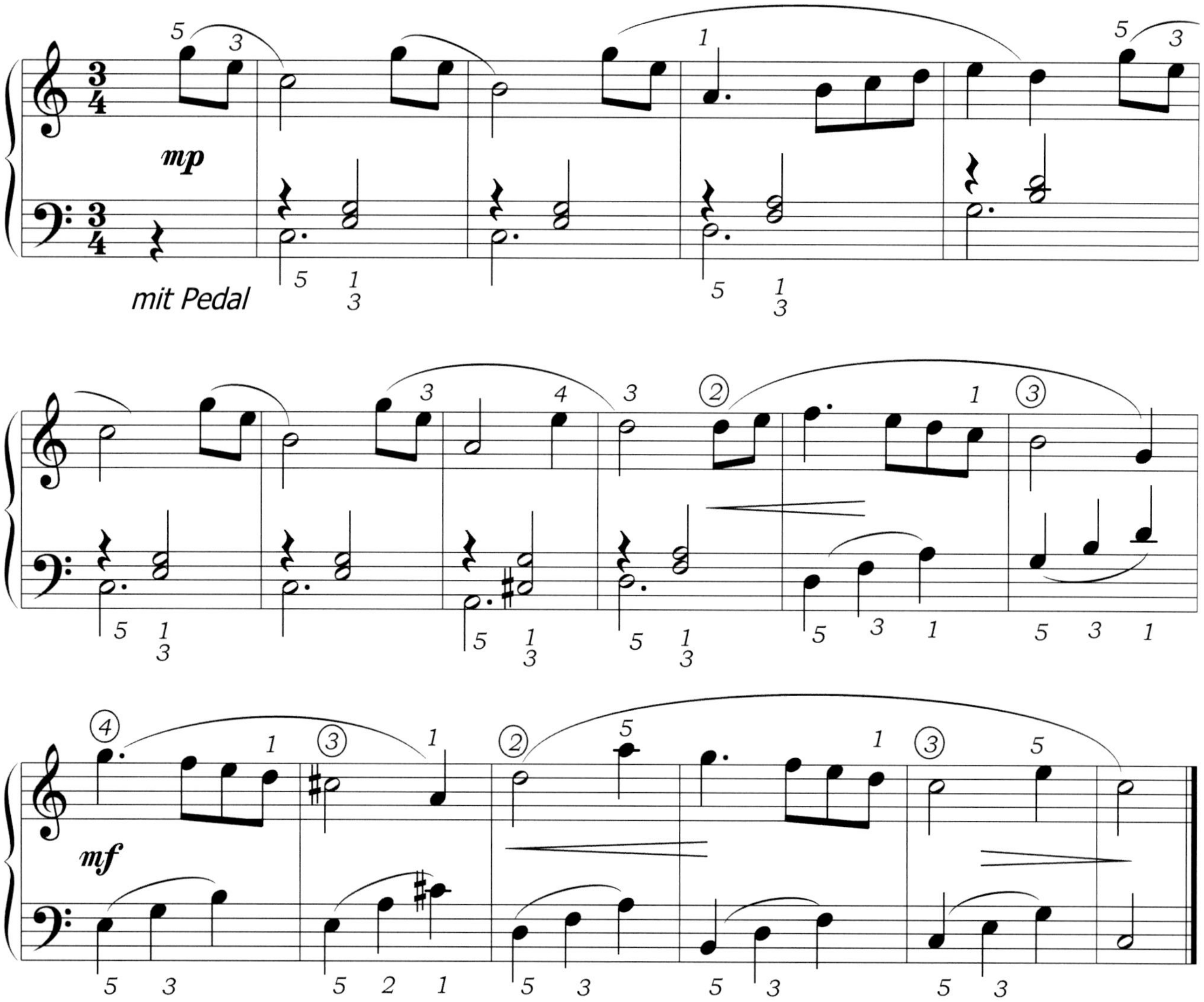

mp

mit Pedal

mf

Das Echo

Pastorale

Theodor Oesten

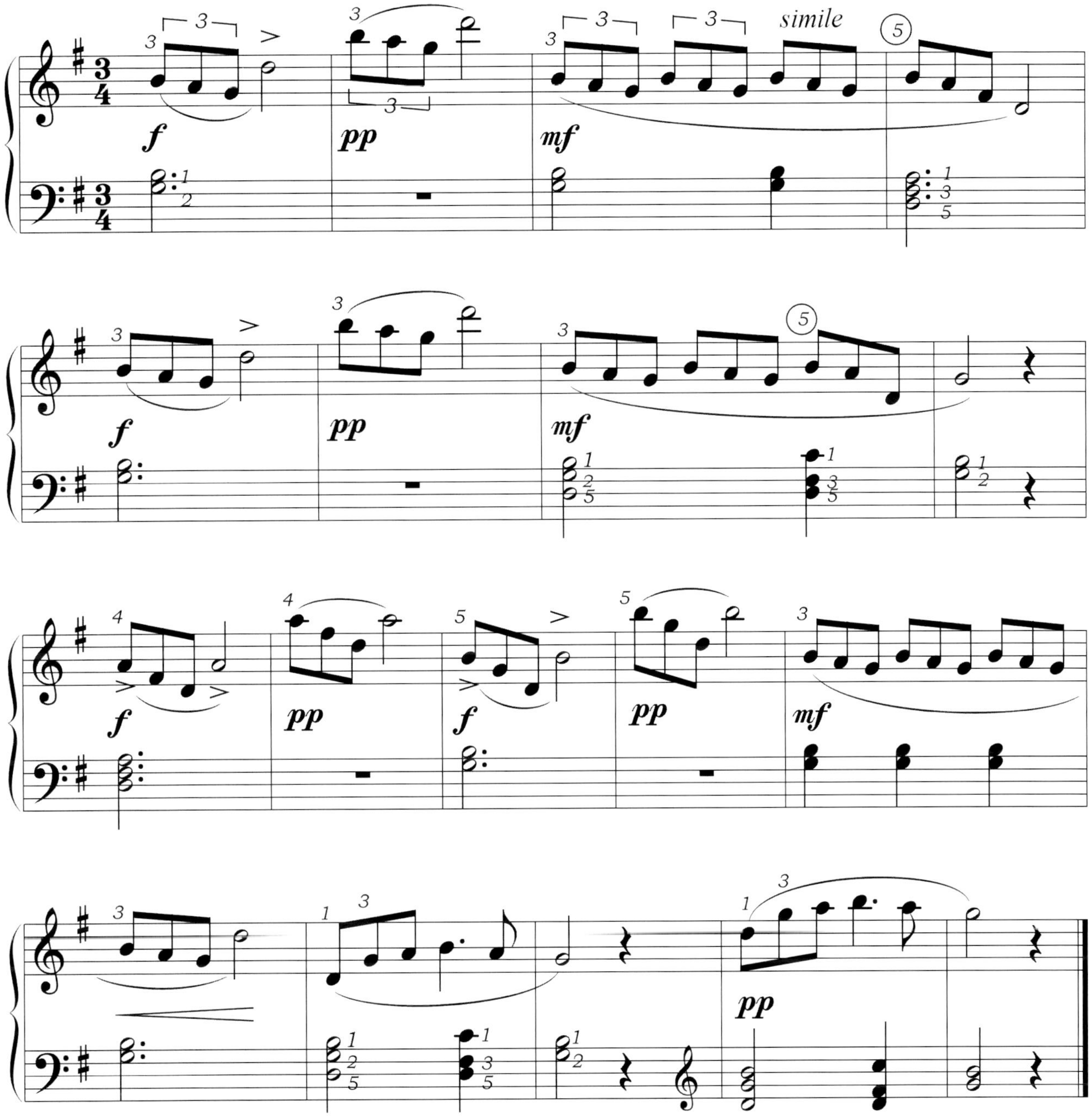

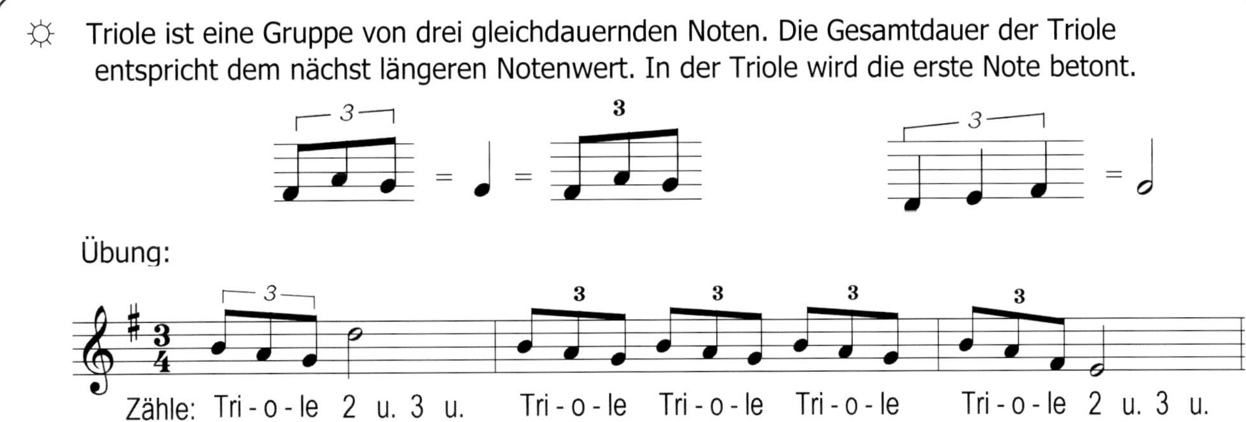

Galopp

Allegro

Emil Breslaur

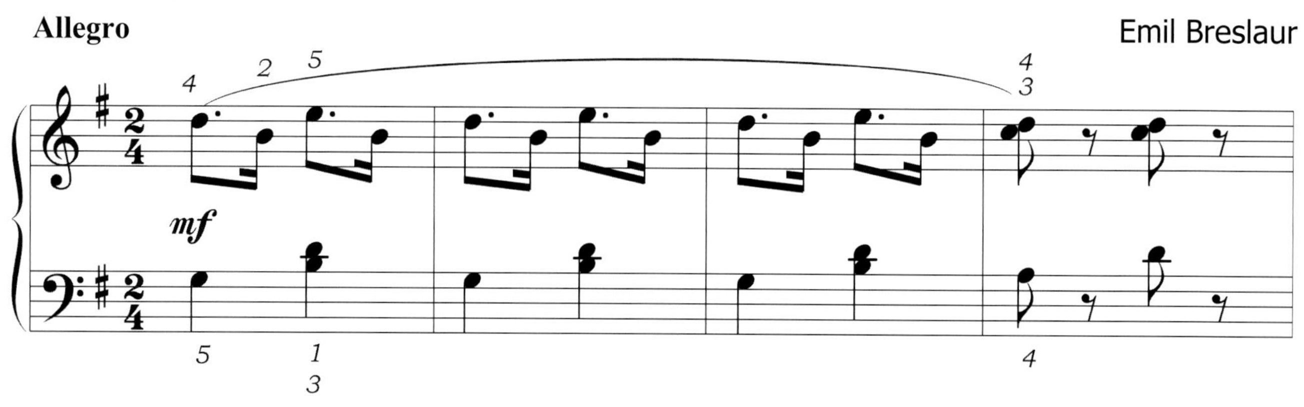

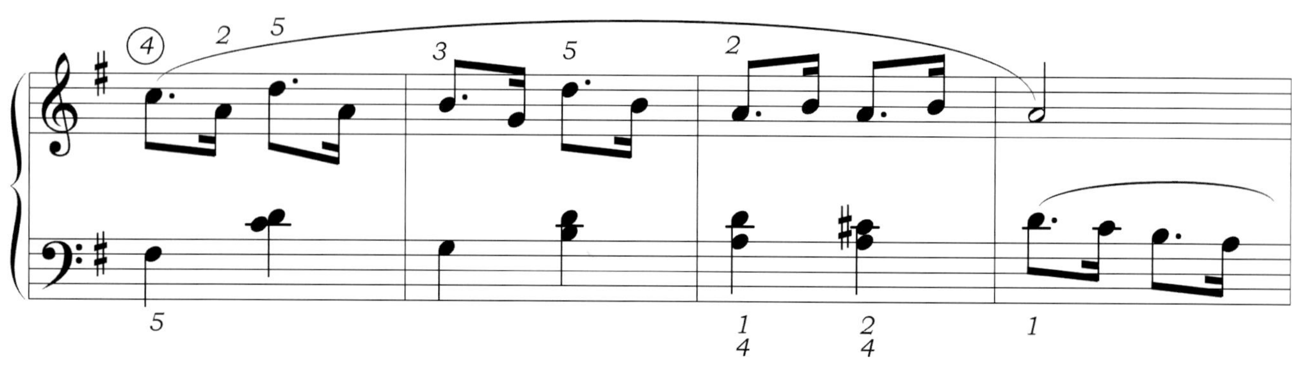

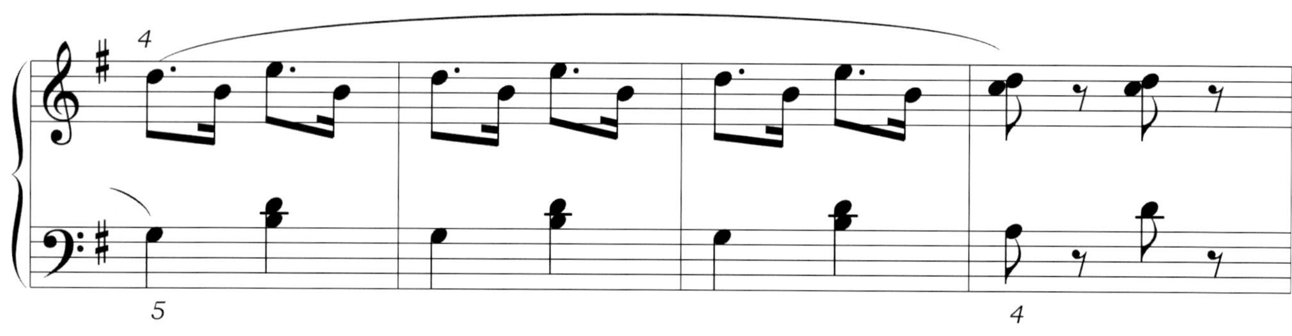

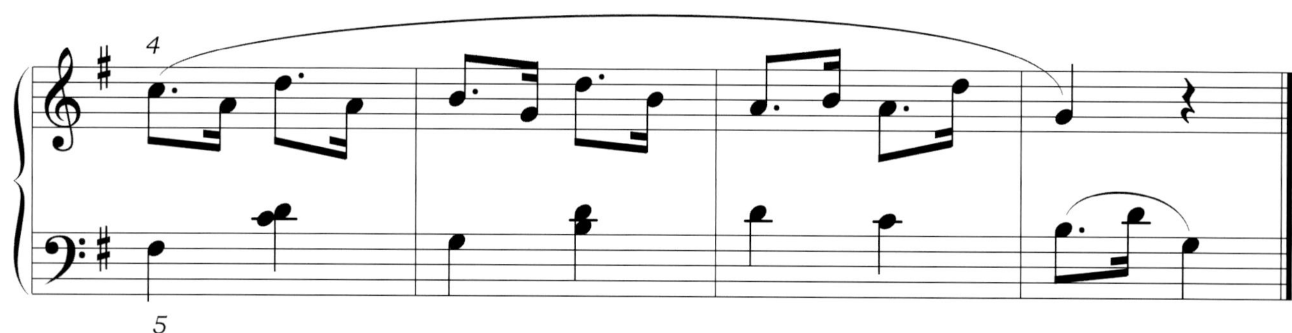

Menuett

Joseph Haydn

Andantino

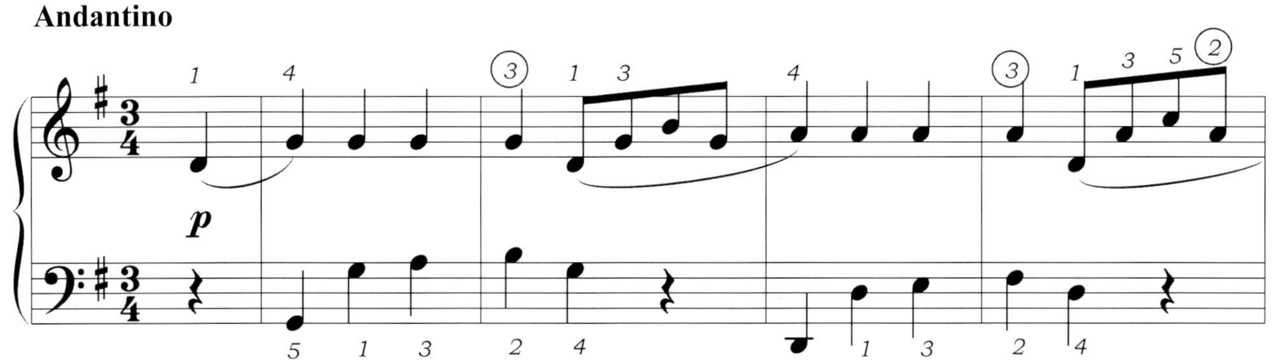

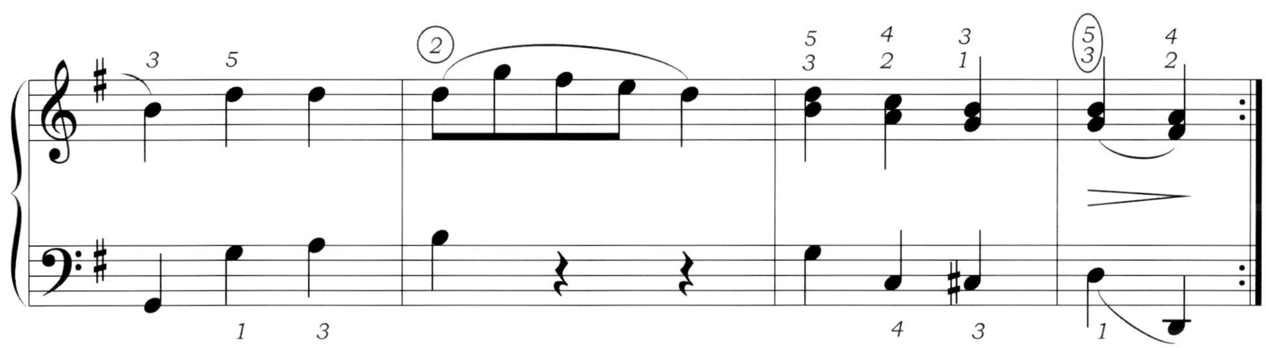

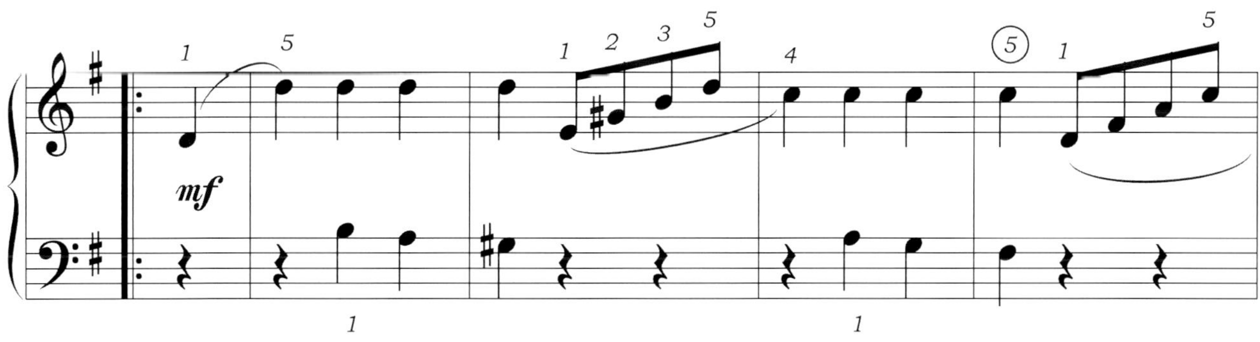

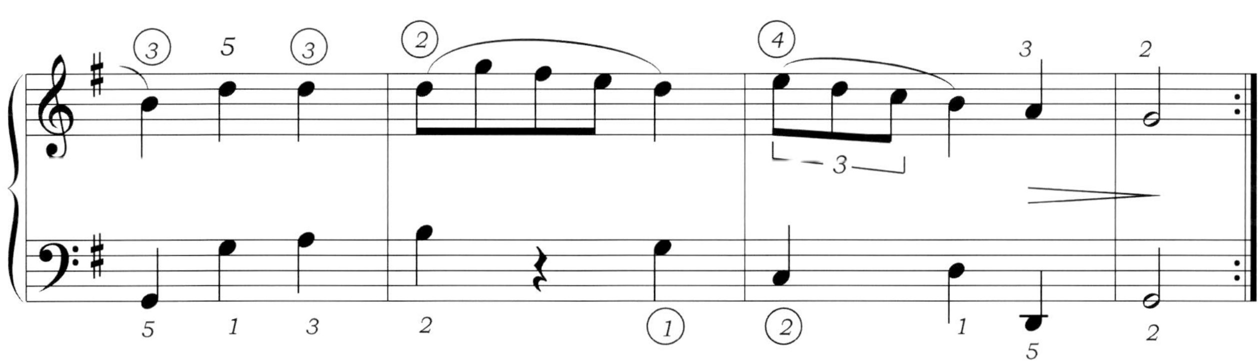

Der Mühlenbach

Hermann Berens

Moderato

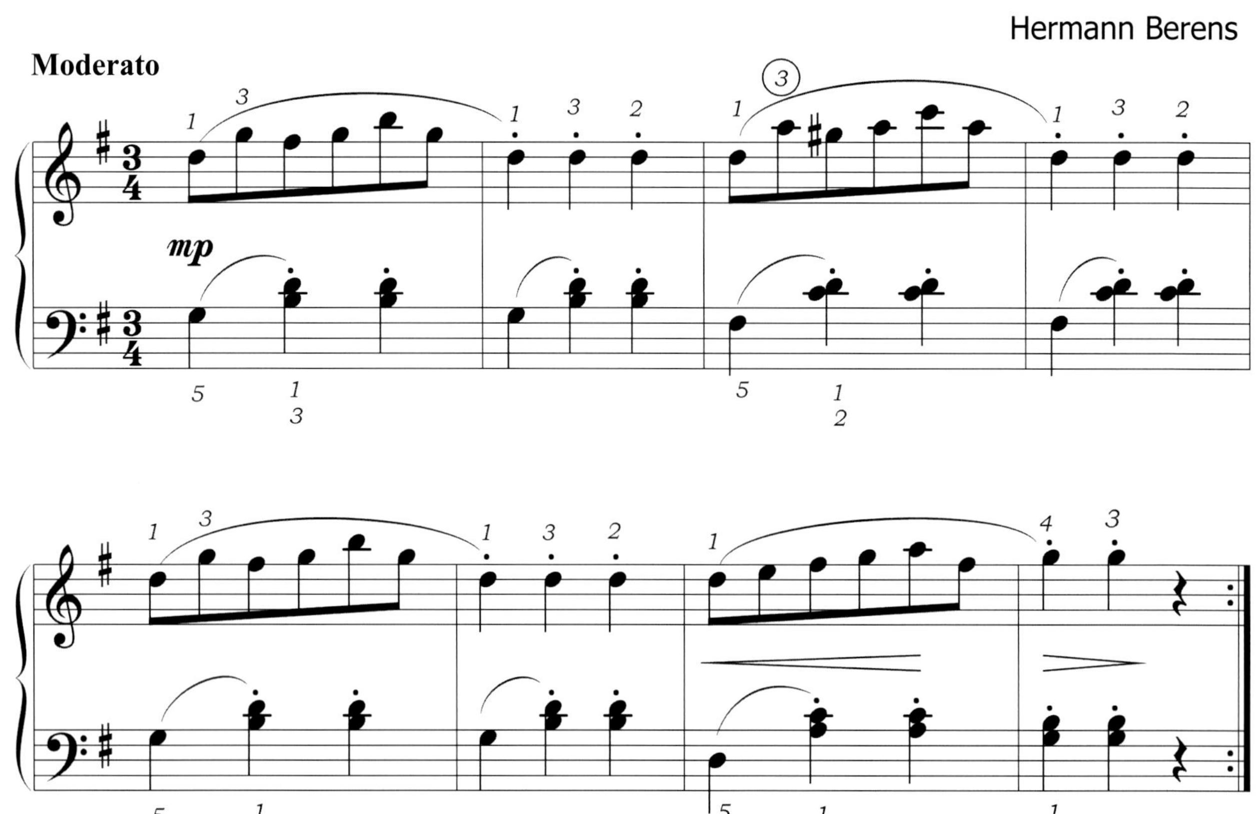

Auf dem Karussell

Ziemlich schnell

Max Paul Heller

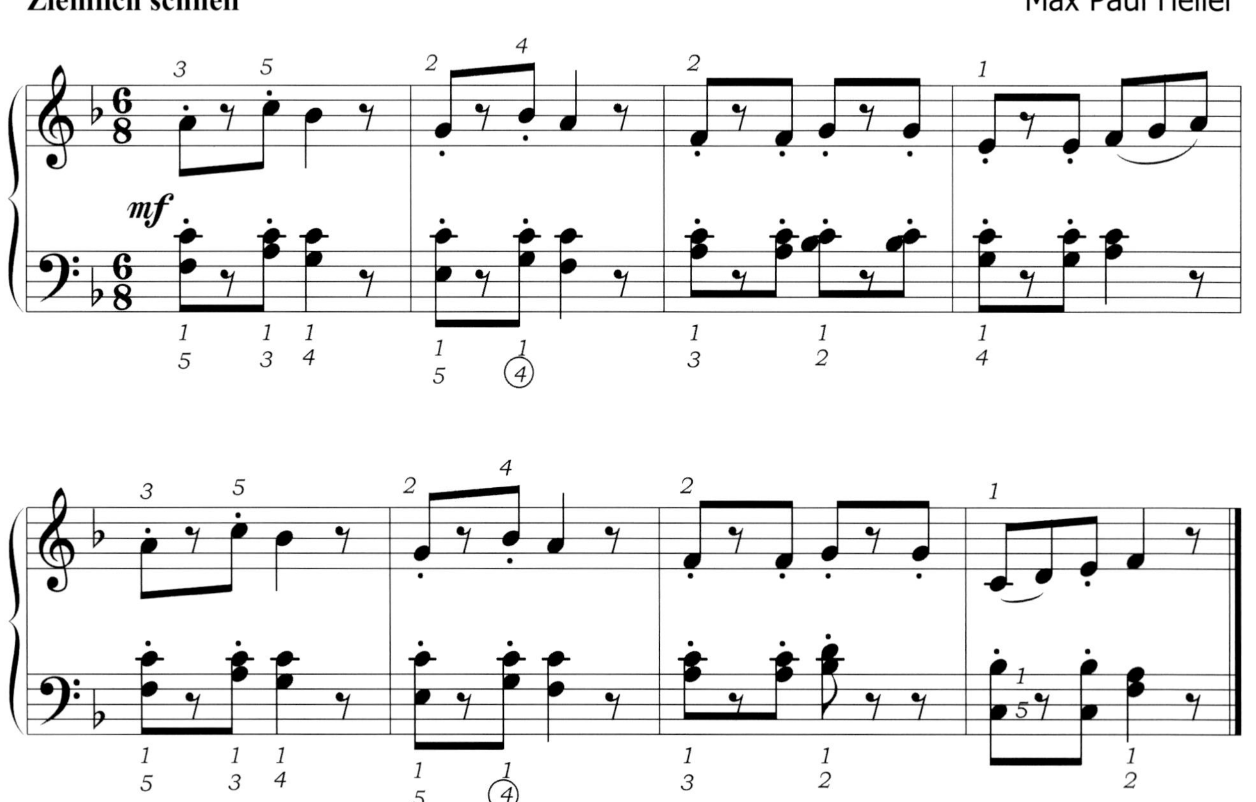

Präludium

Benjamin Carr

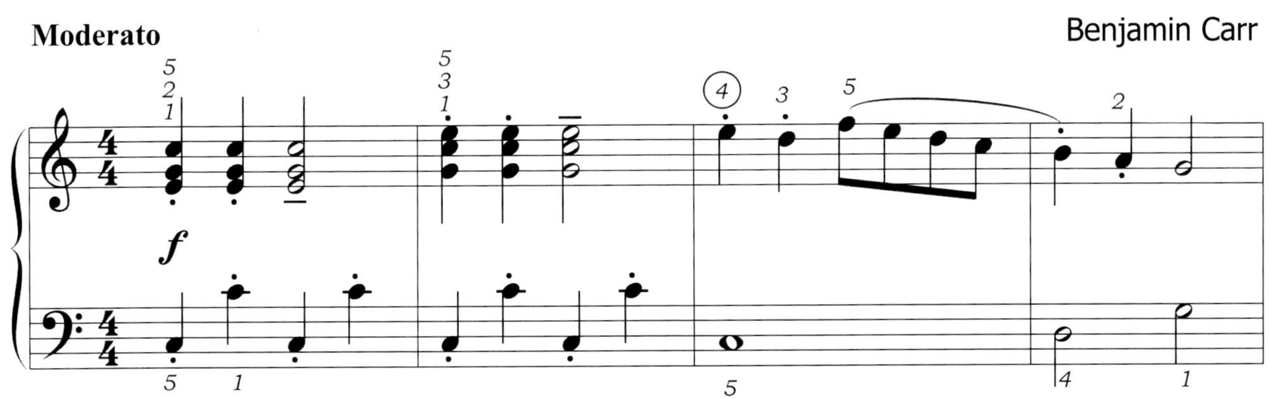

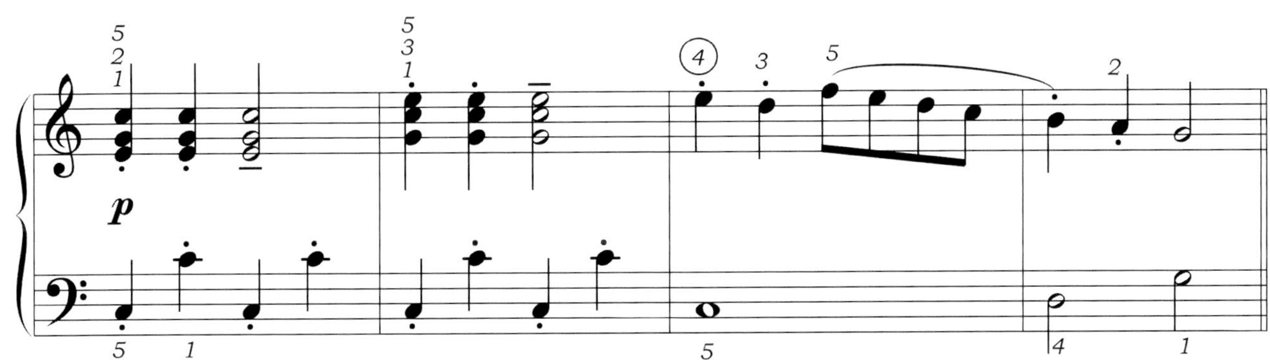

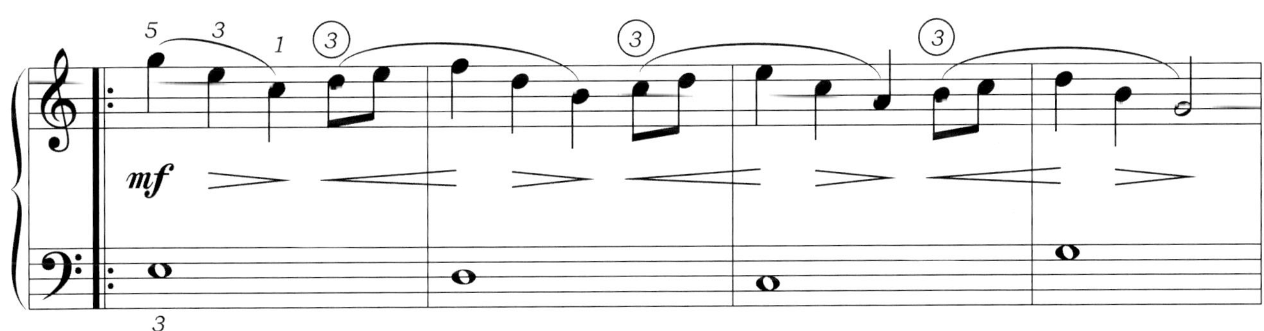

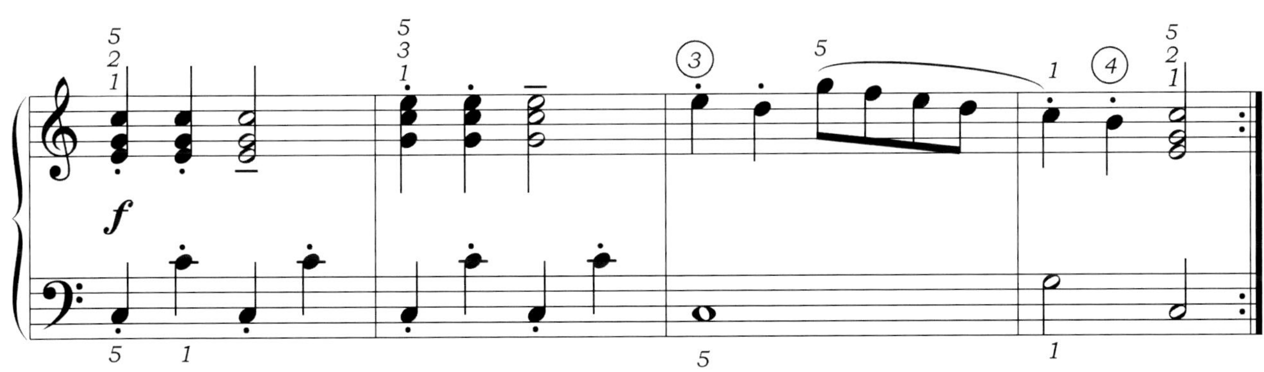

Die bunten Schmetterlinge

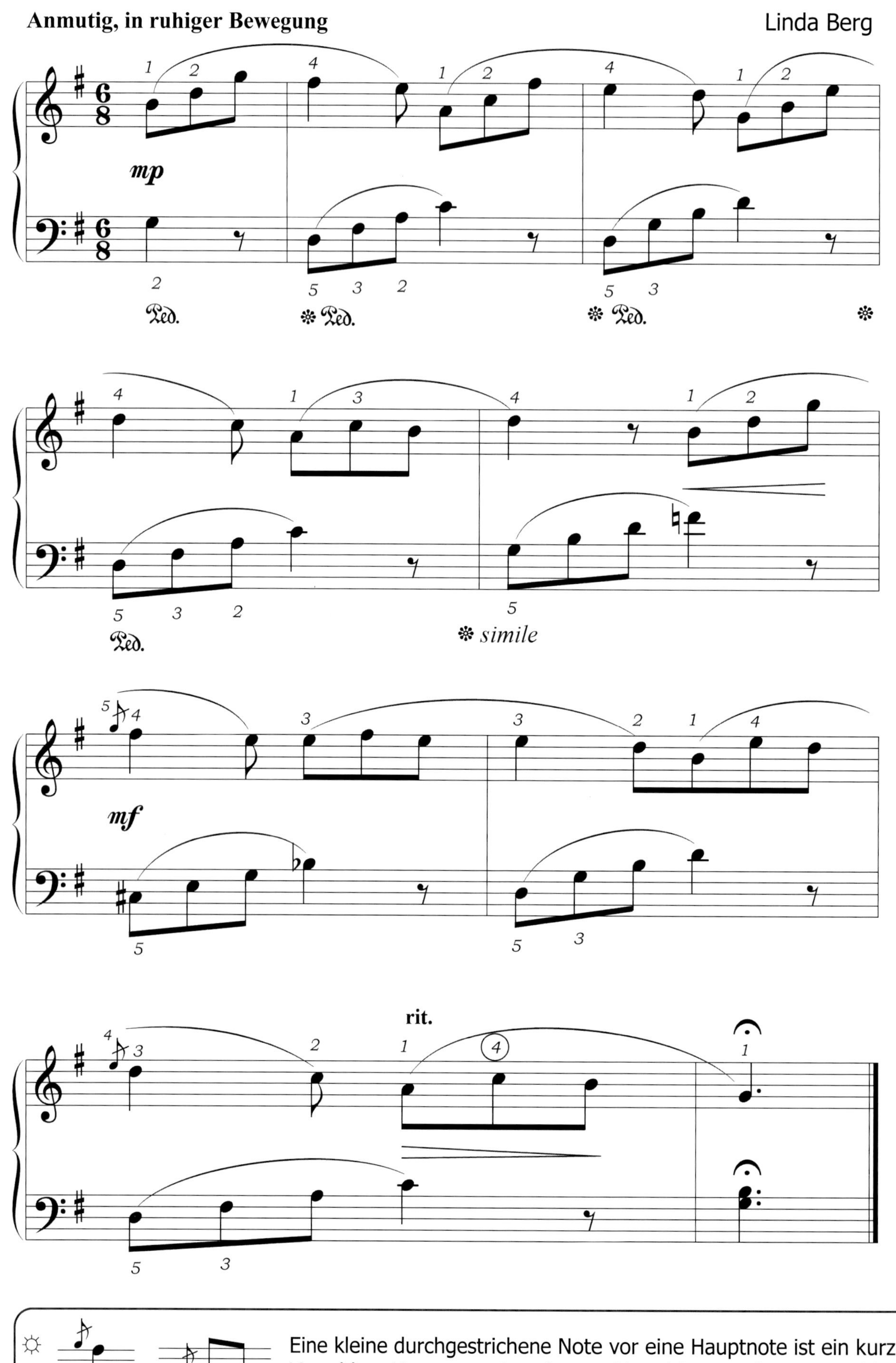

☼ Eine kleine durchgestrichene Note vor eine Hauptnote ist ein kurzer Vorschlag. Man muss einen kurzen Vorschlag vor der Hauptzählzeit kurz und leicht spielen.

Volkslied

Andante

Bela Bartok

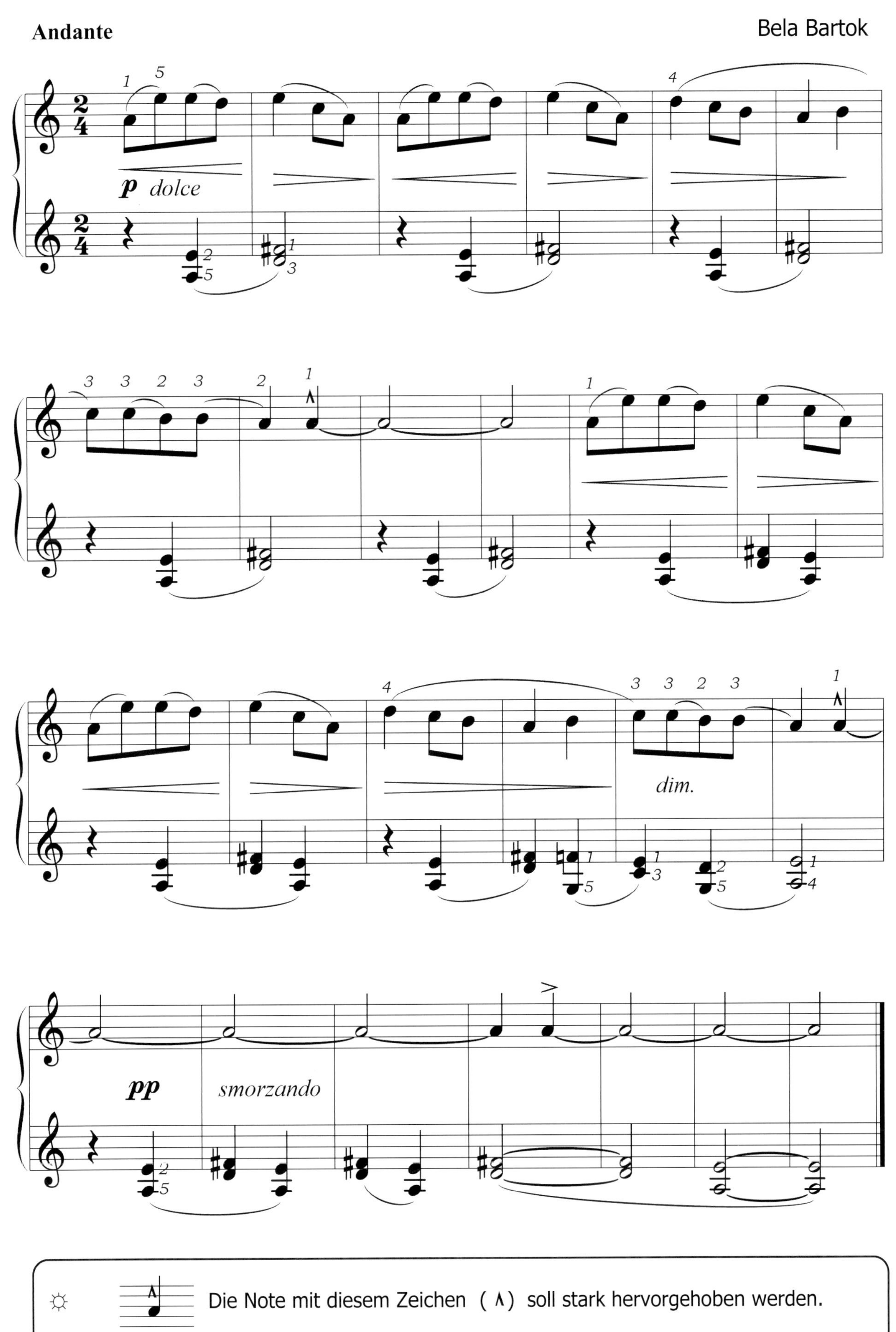

☼ Die Note mit diesem Zeichen (∧) soll stark hervorgehoben werden.

Spielchen

Allegretto

Louis Köhler

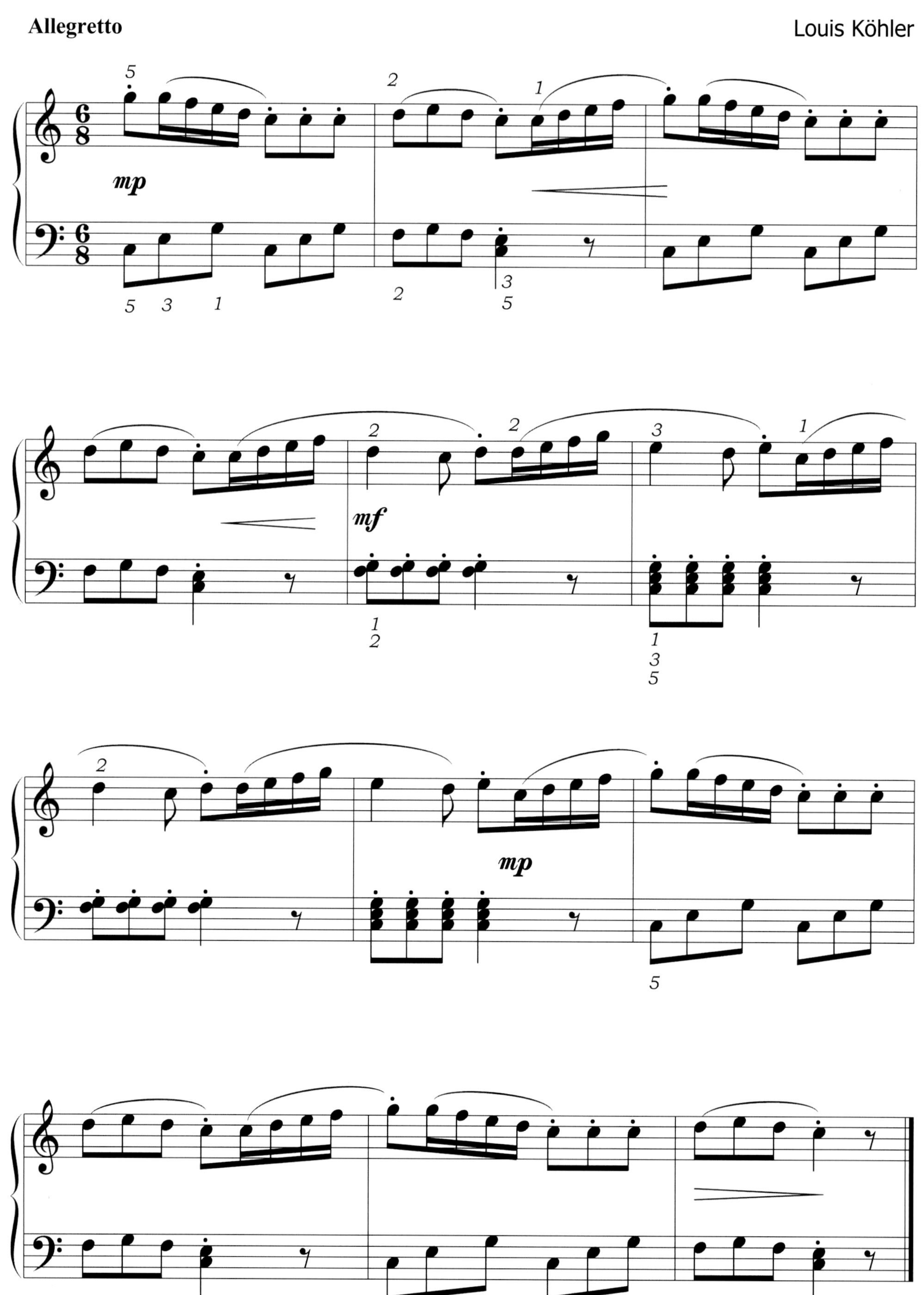

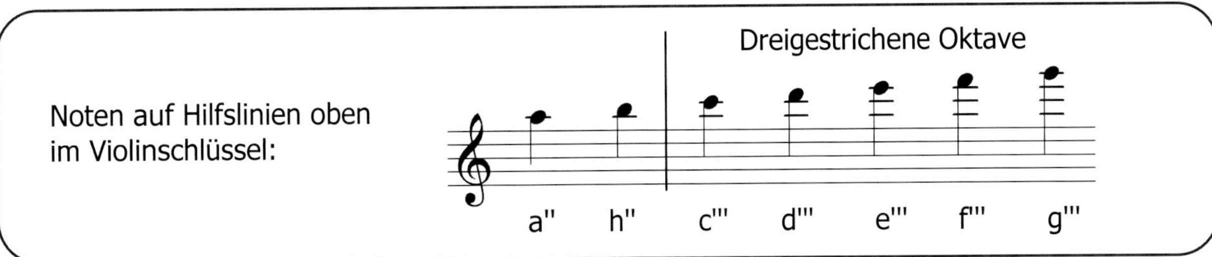

Frühlingserwachen

Gesangvoll, bezaubernd

Linda Berg

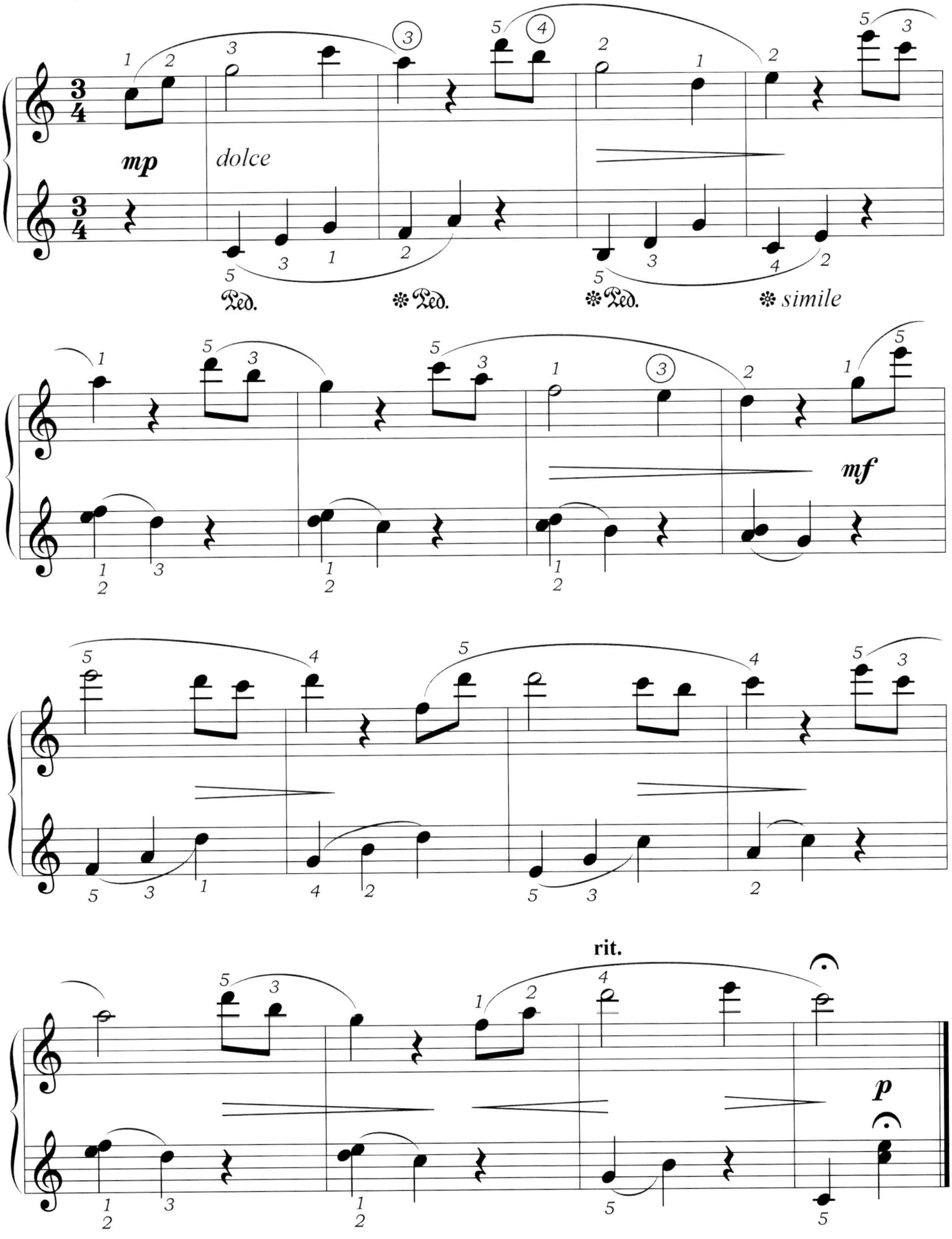

mp *dolce*

Ped. Ped. Ped. *simile*

mf

rit.

p

Die Spätzchen

Schnell, leicht

Wladimir Korovitsin

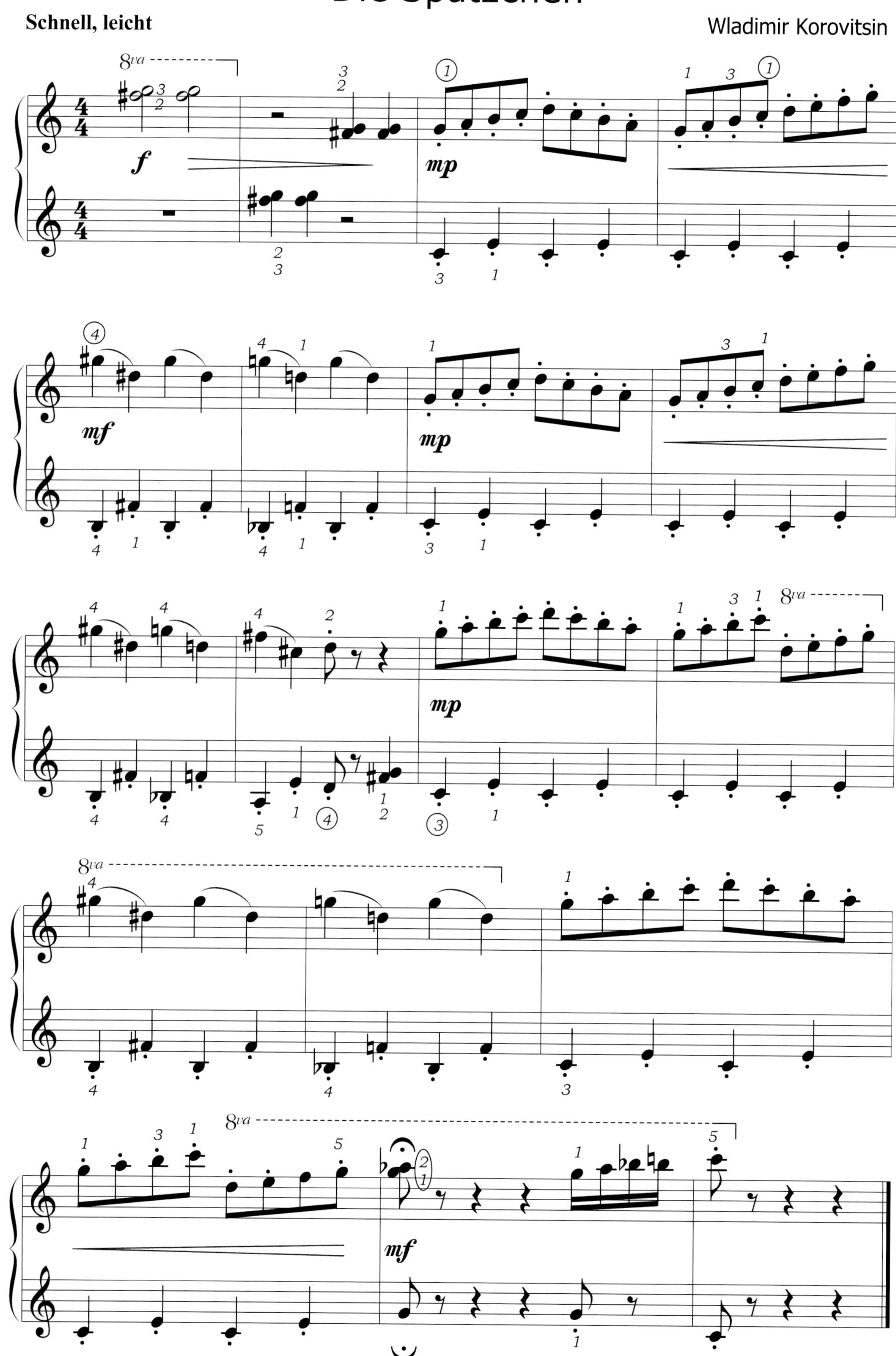

Walzer

Carl Albert Löschhorn

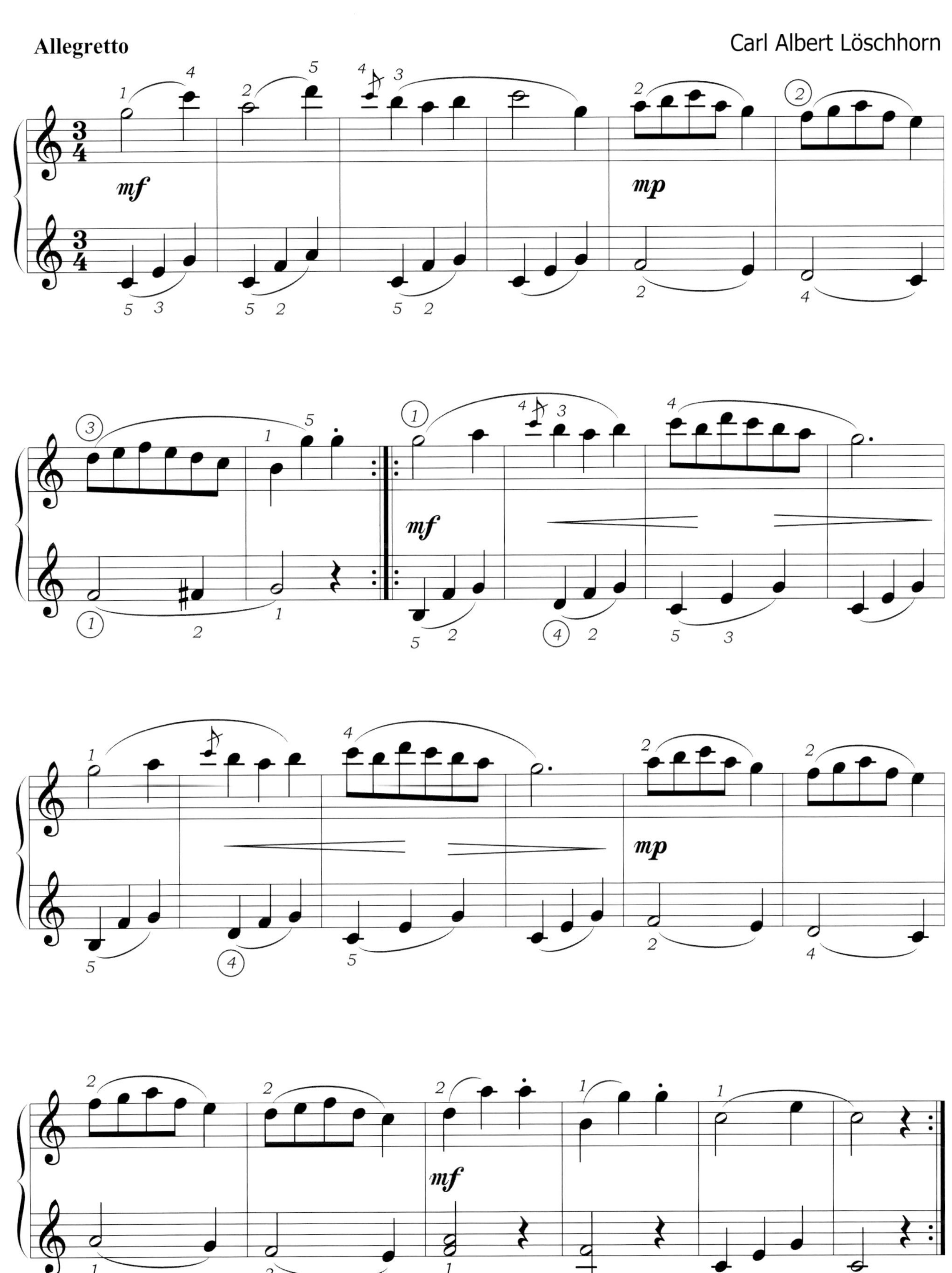

Arietta

Op. 41 Sonatine C-Dur 1. Satz

Andante cantabile

Johann Baptist Vanhal

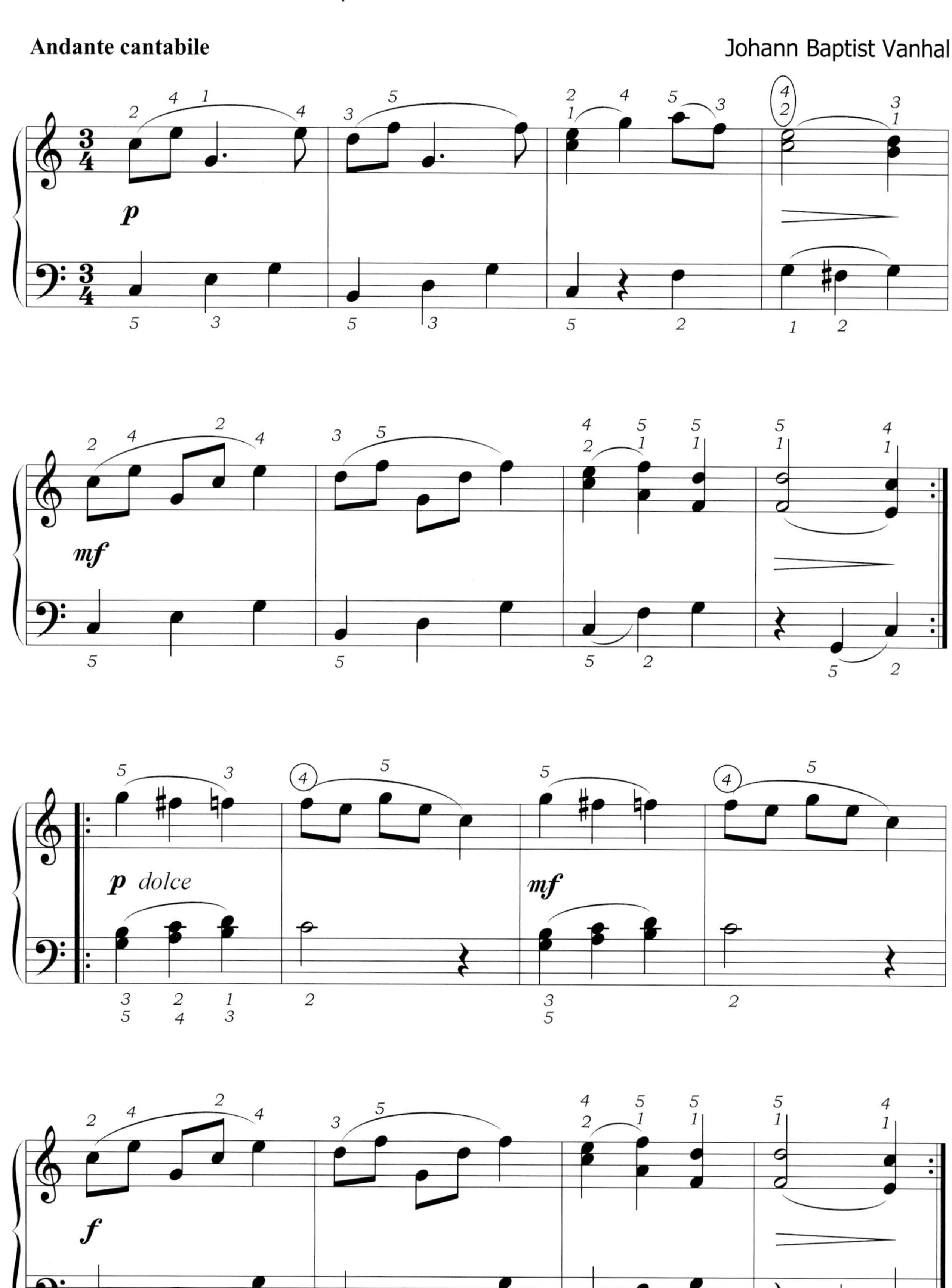

Menuett

Andantino

Anton Diabelli

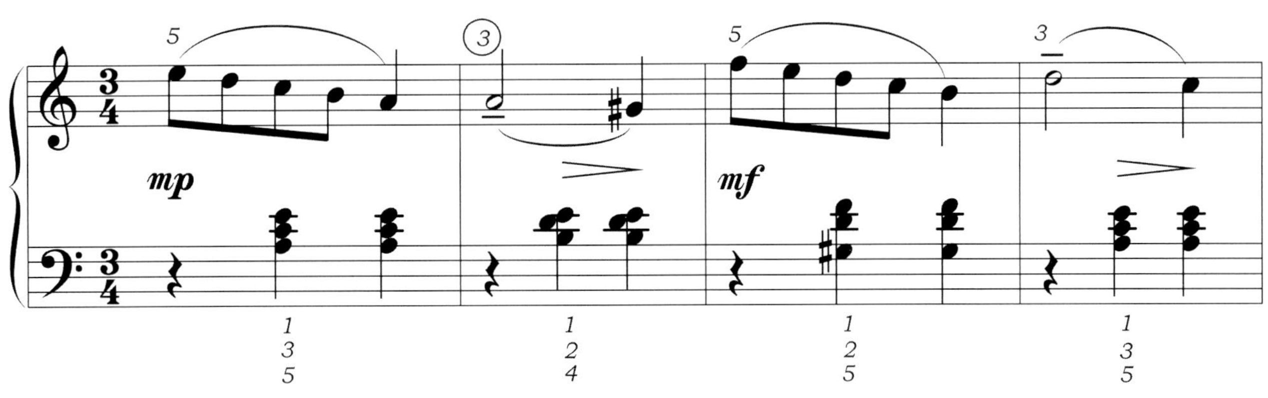

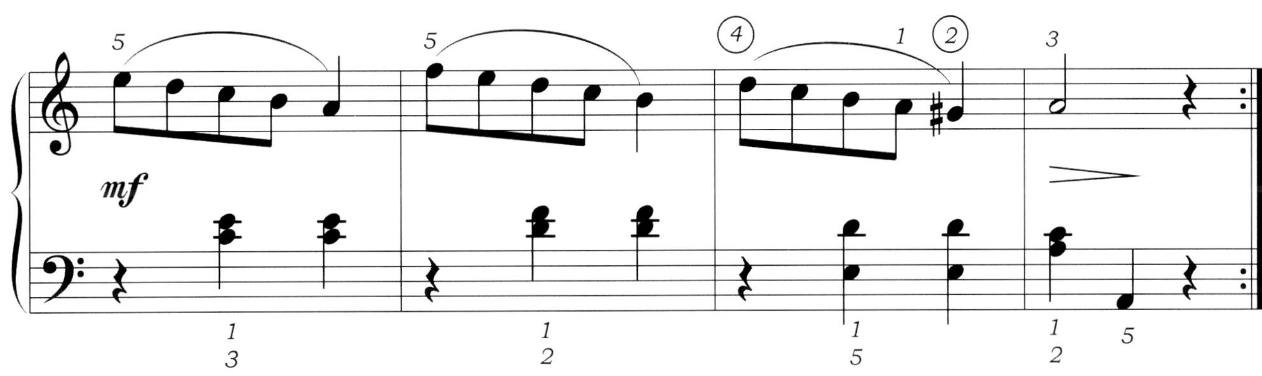

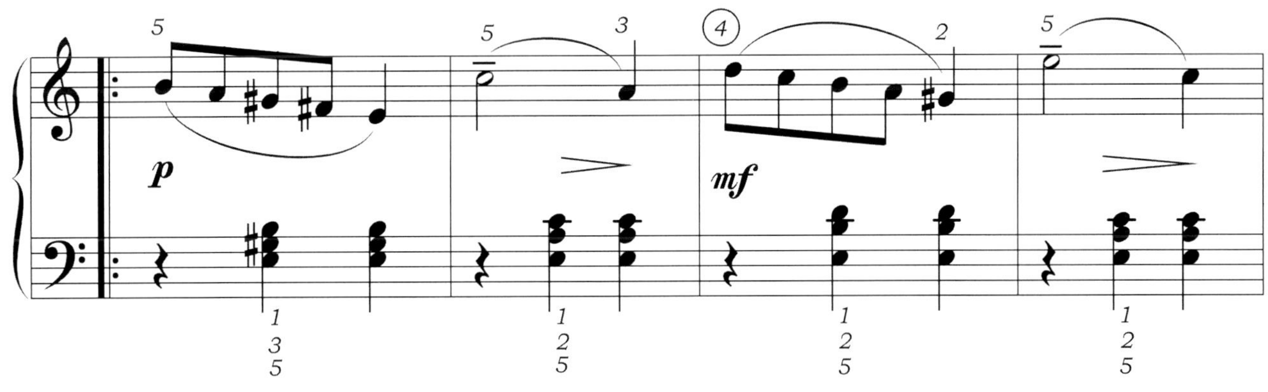

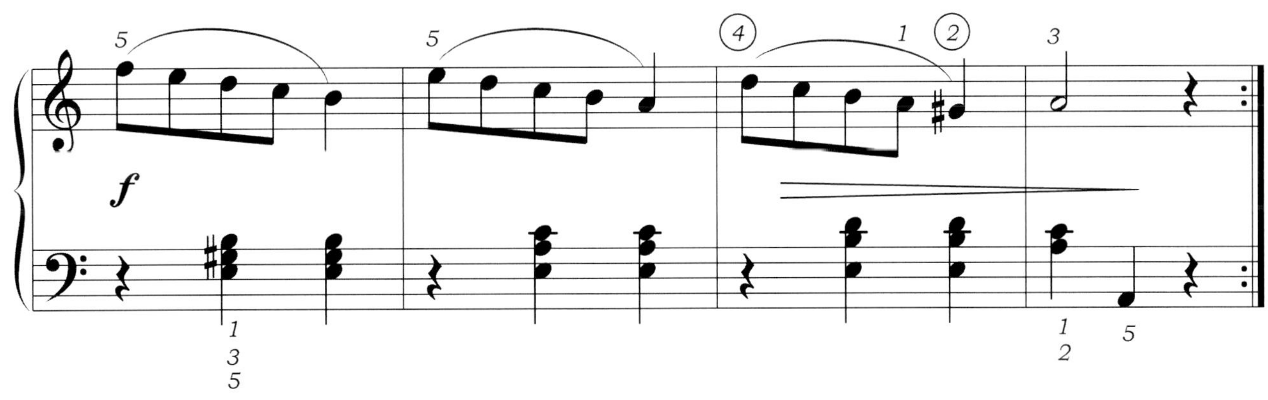

Walzer

Allegretto

Emil Breslaur

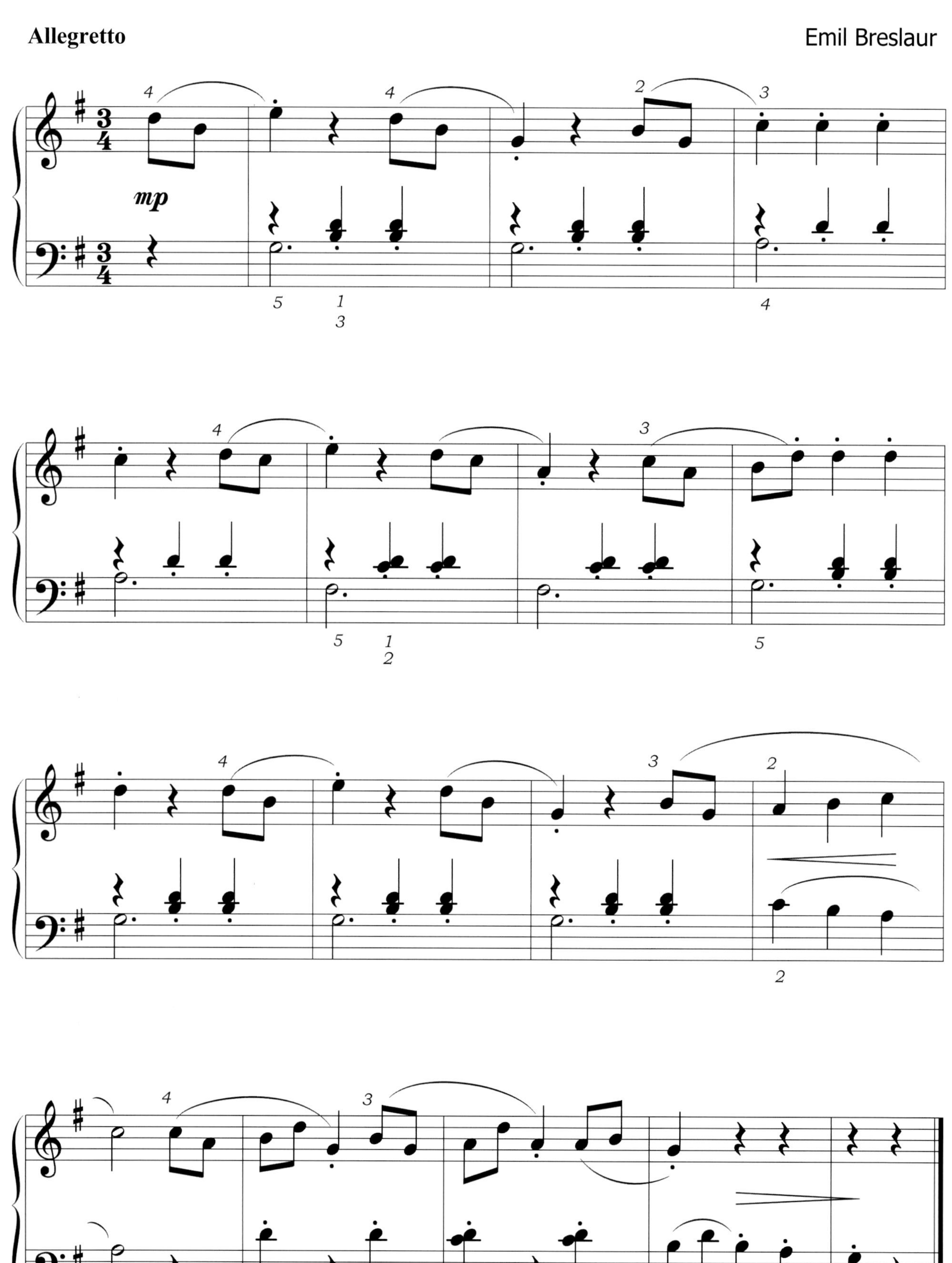

Kleiner Marsch

Marschtempo

Paul Zilcher

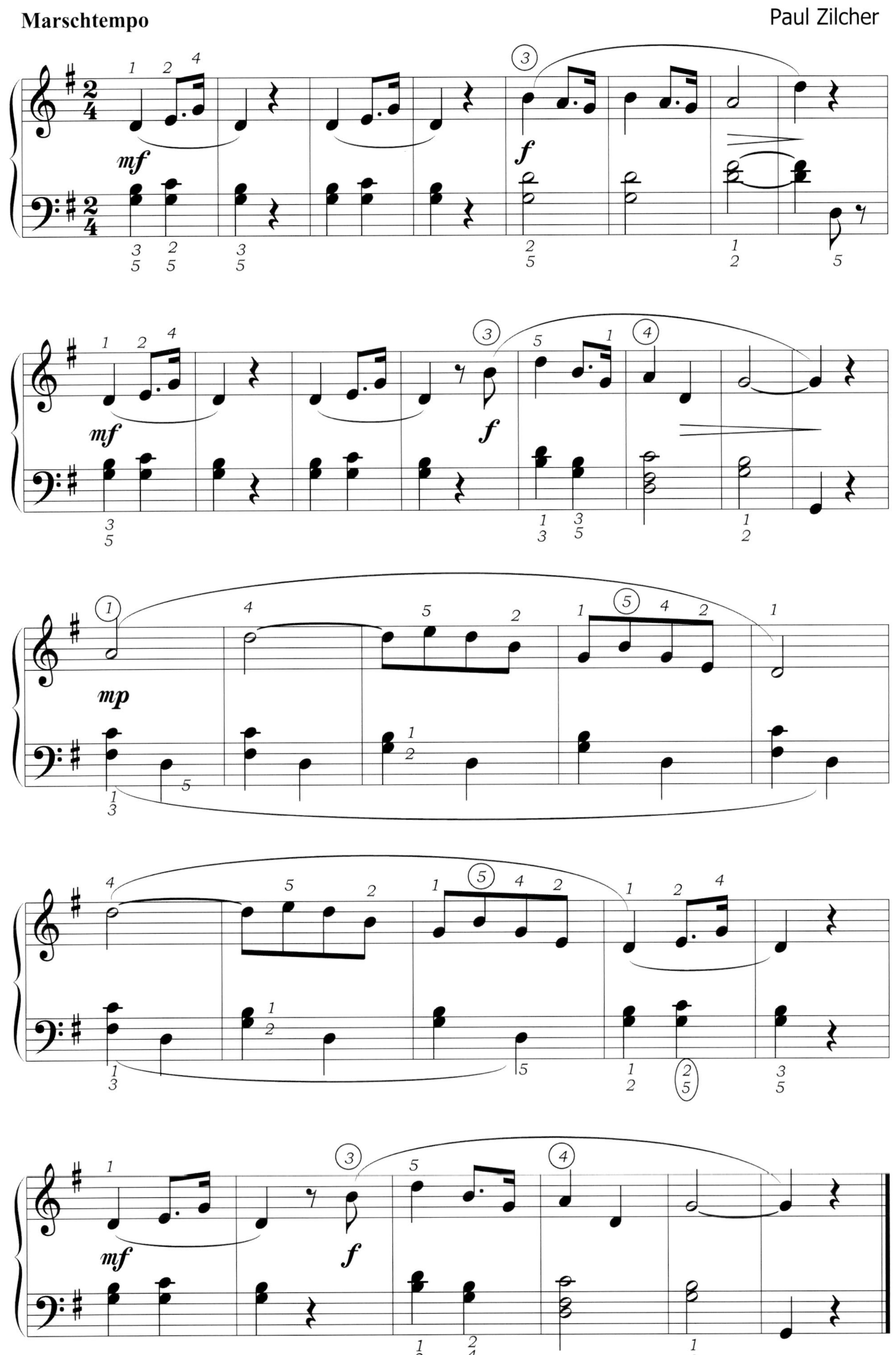

Tapferer Reiter

Con moto

Cornelius Gurlitt

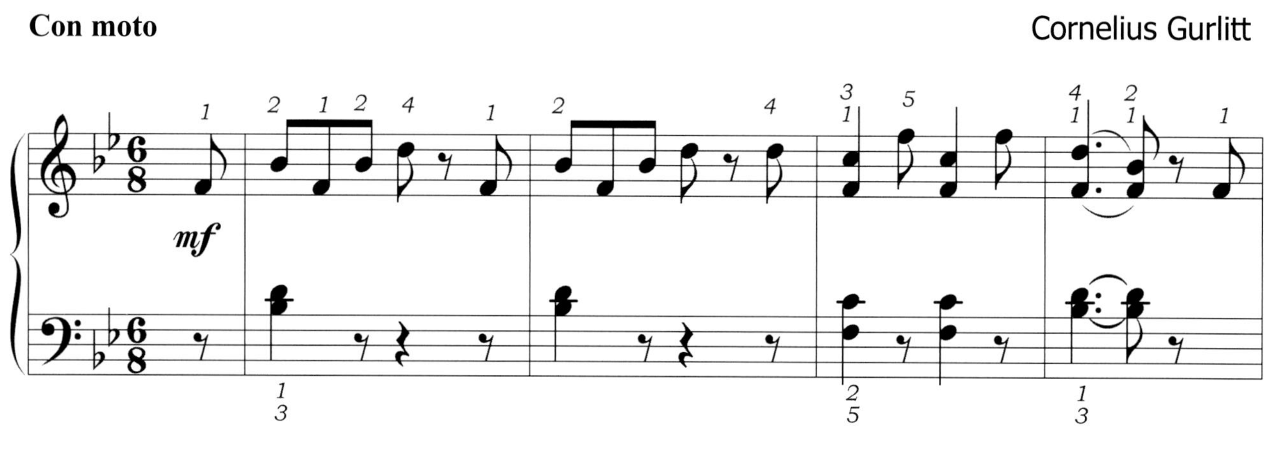

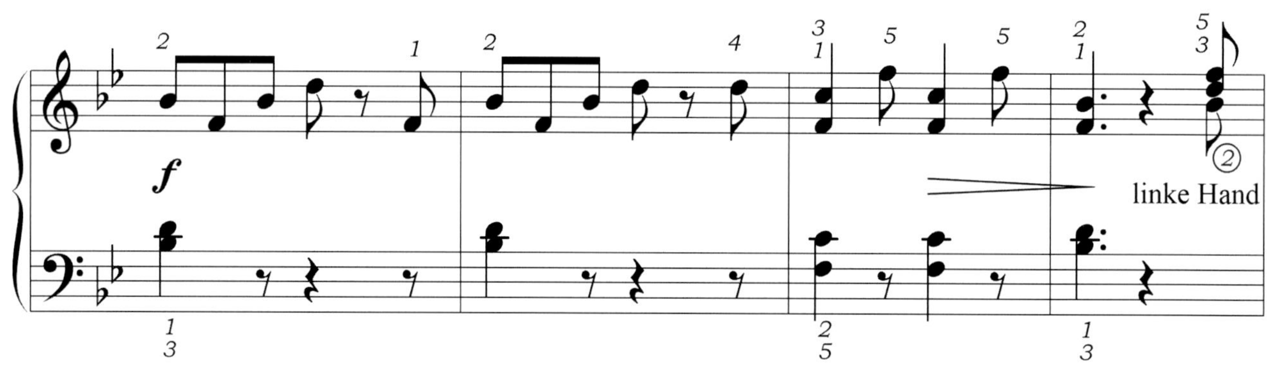

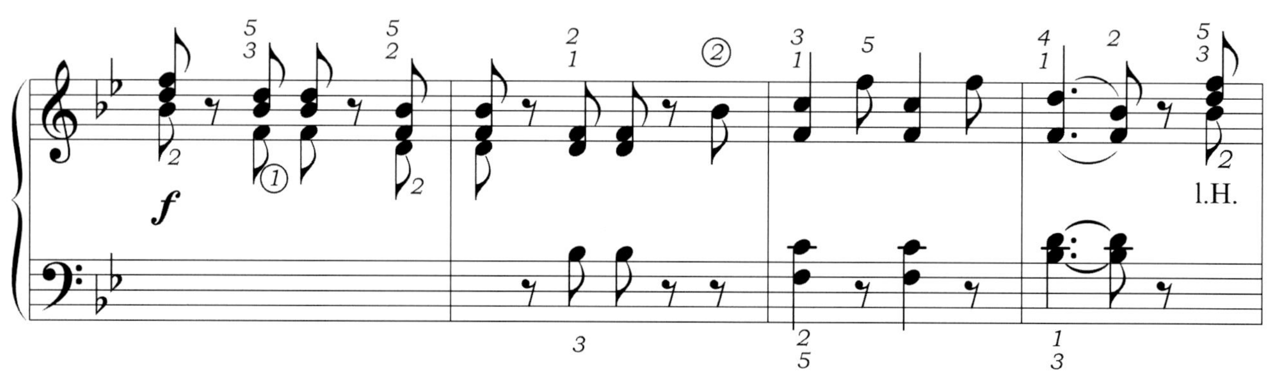

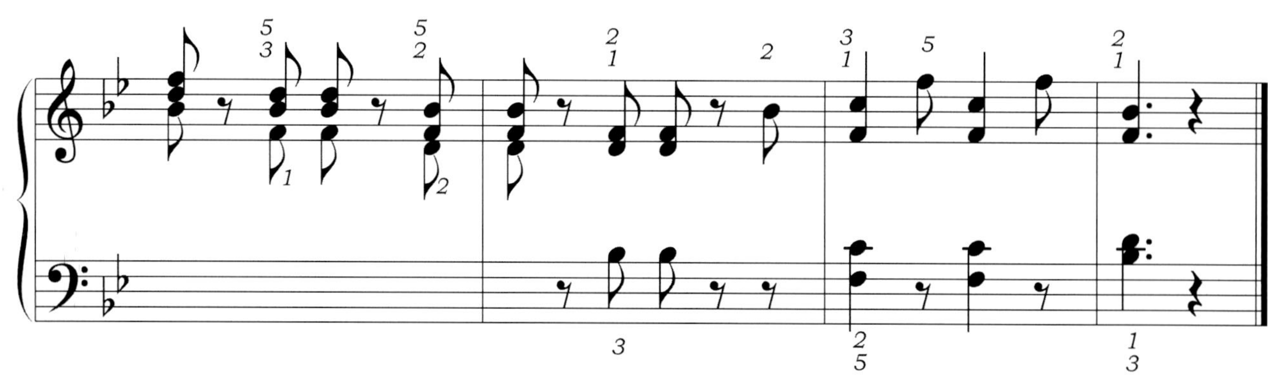

Banges Herzlein

Etwas bewegt

Robert Fuchs

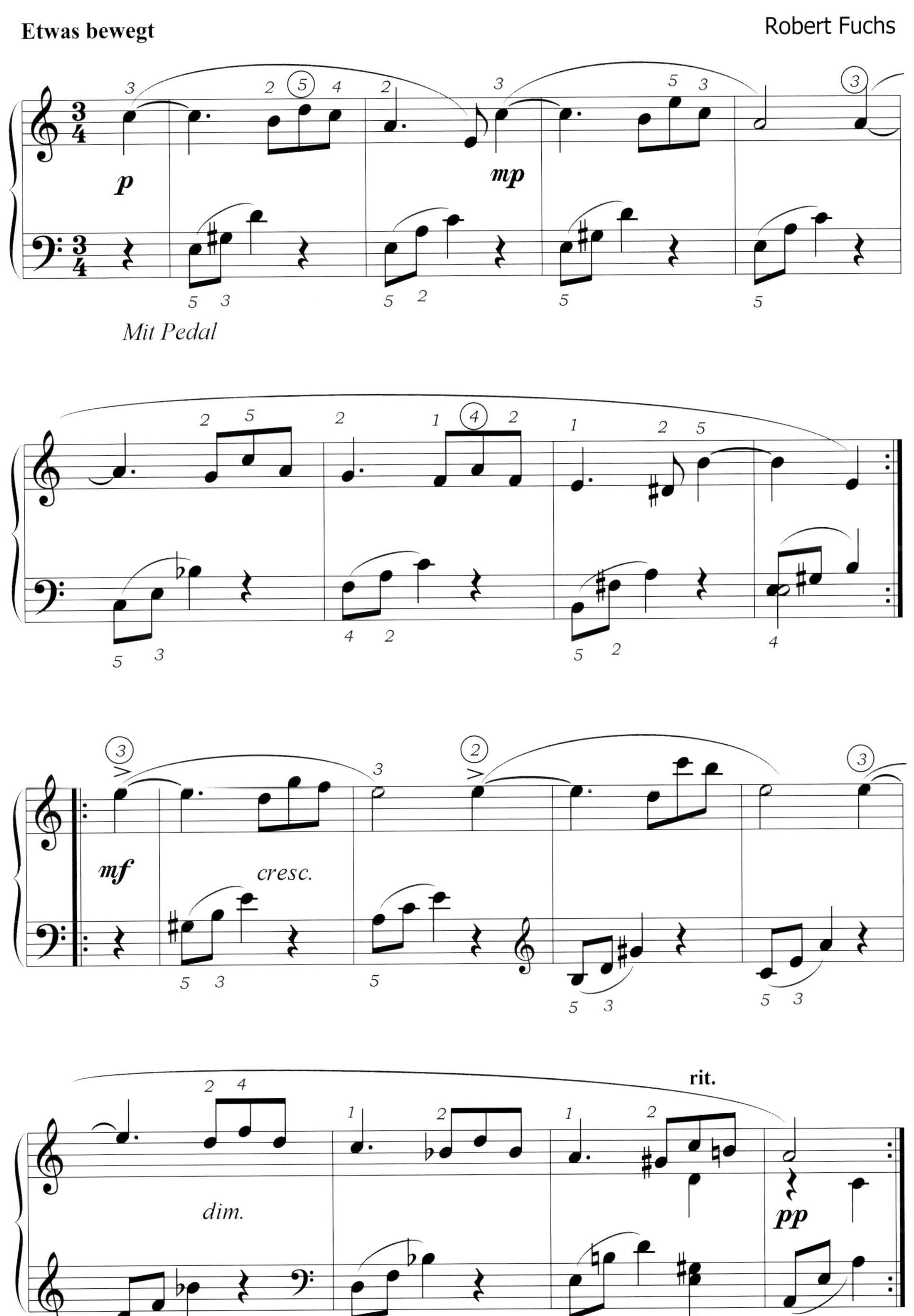

Arabeske

Allegro scherzando

Friedrich Burgmüller

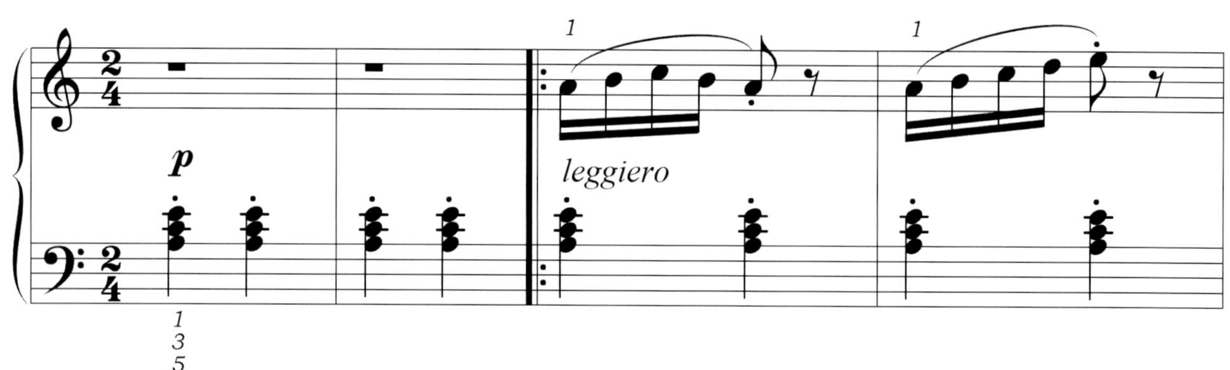

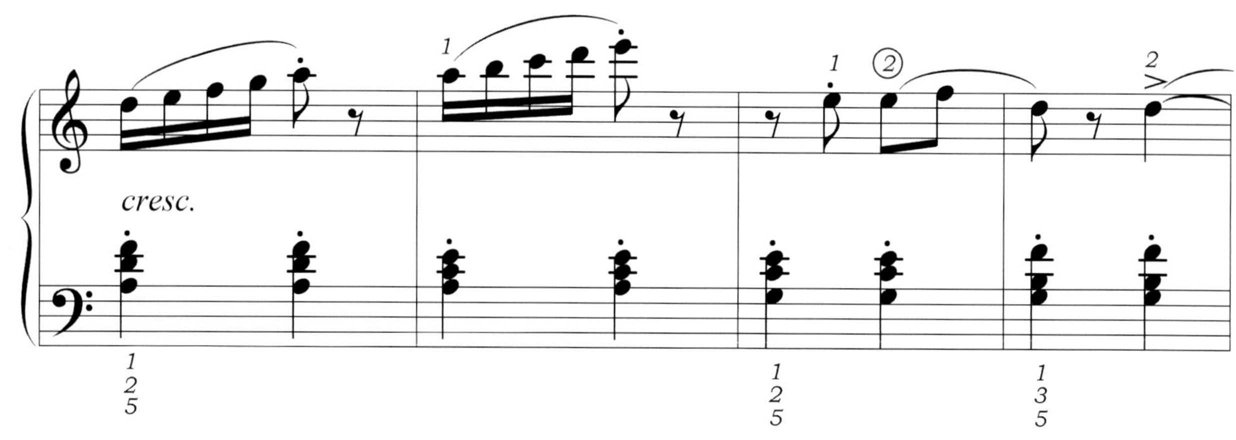

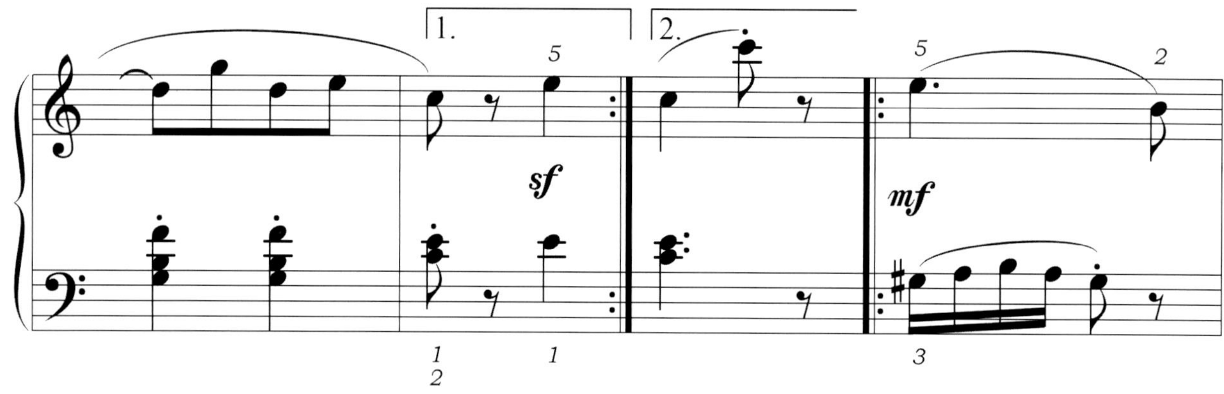

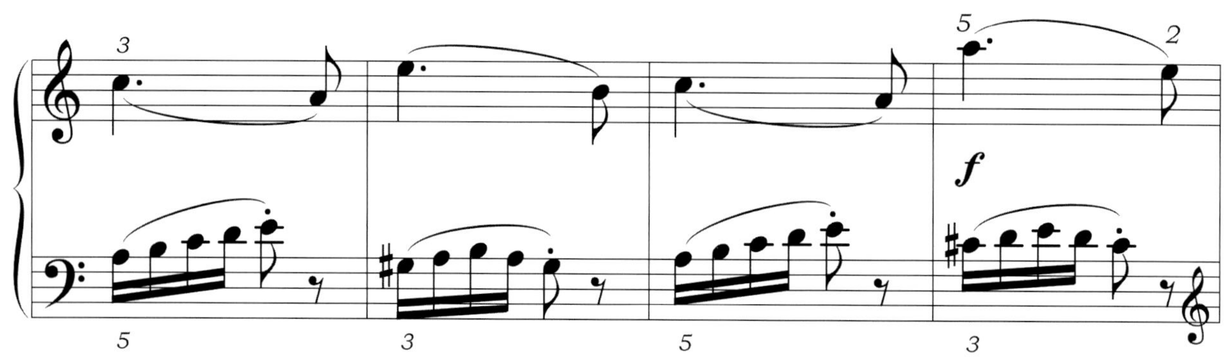

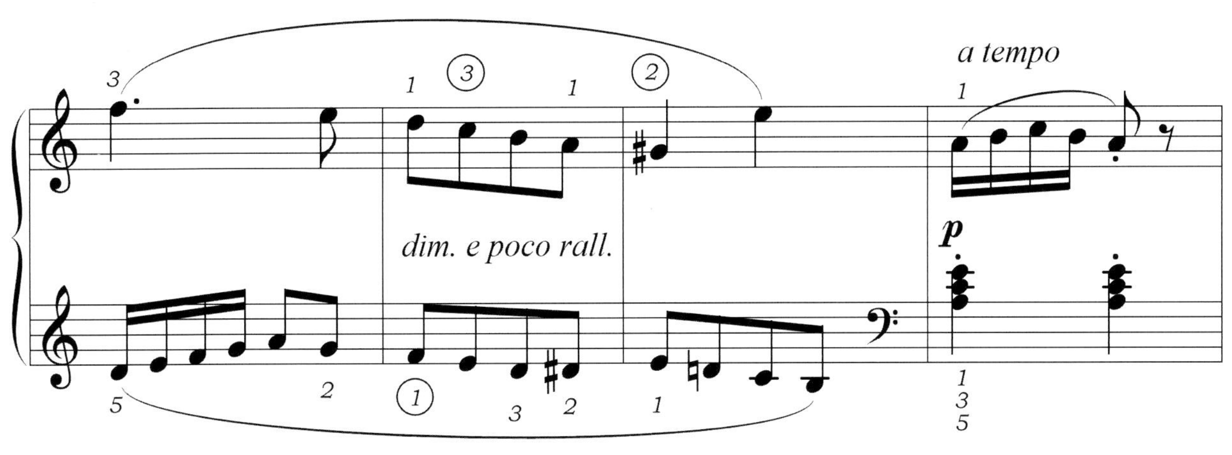
a tempo
dim. e poco rall.
p

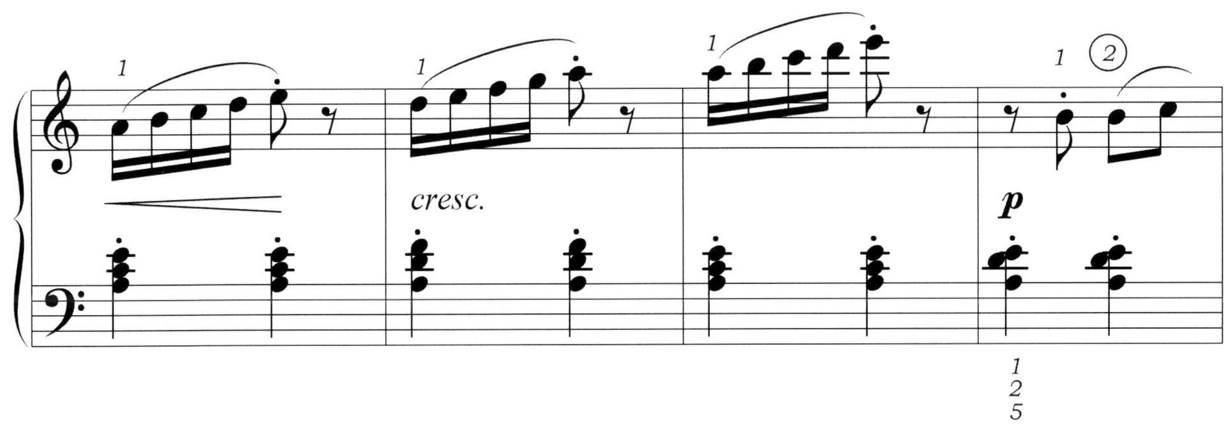
cresc.
p

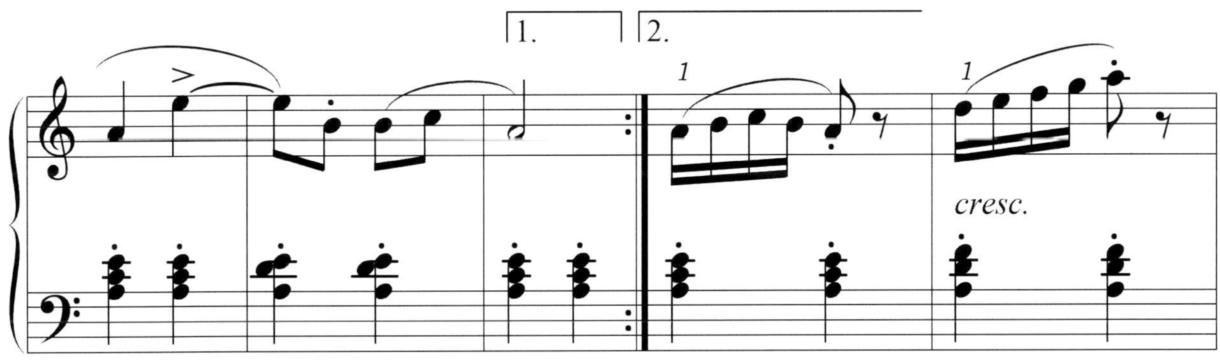
1.
2.
cresc.

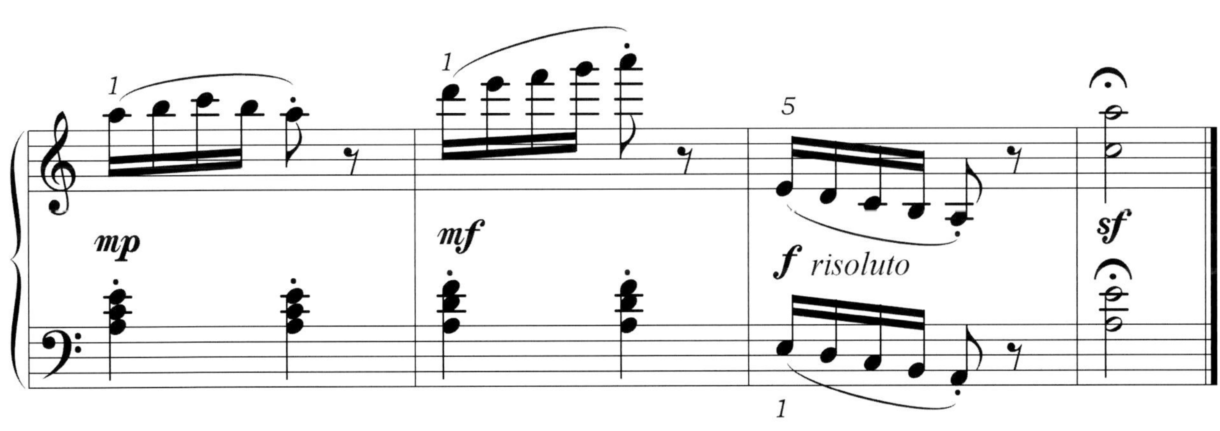
mp
mf
f risoluto
sf

Verzaubernde Harfe

Theodor Oesten

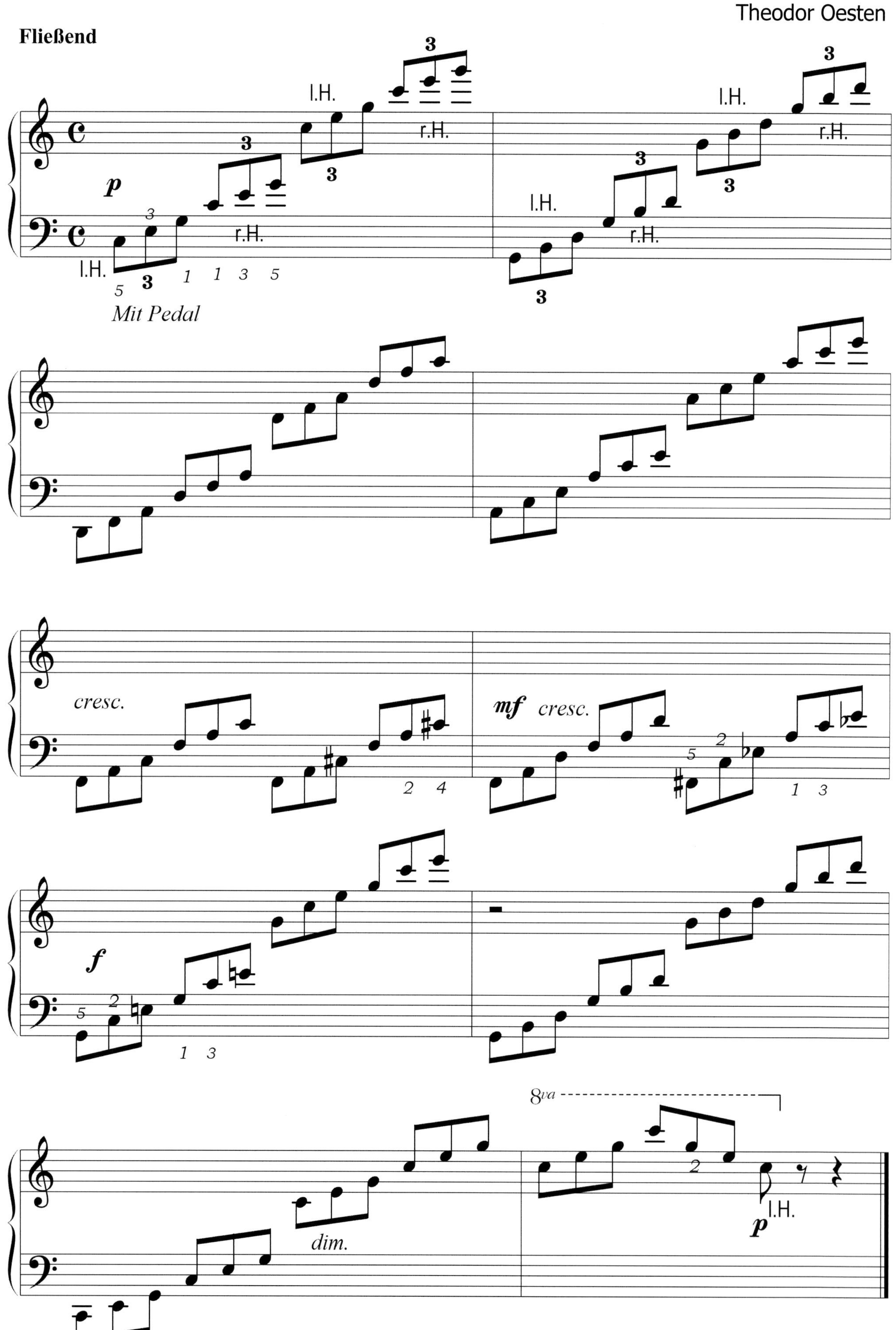

Das Glockenspiel

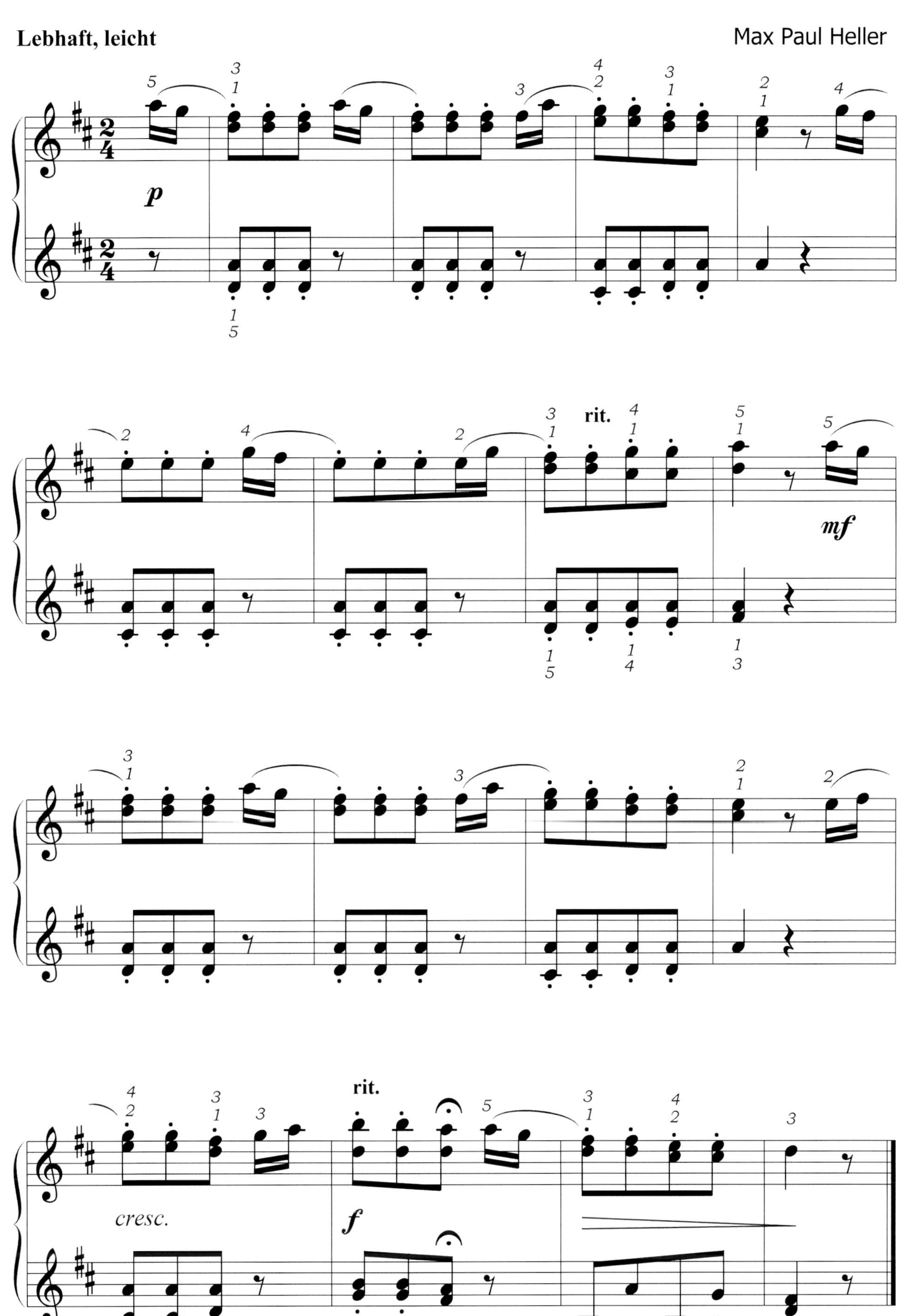

Tanzende Wassernixen

Allegro

Theodor Oesten

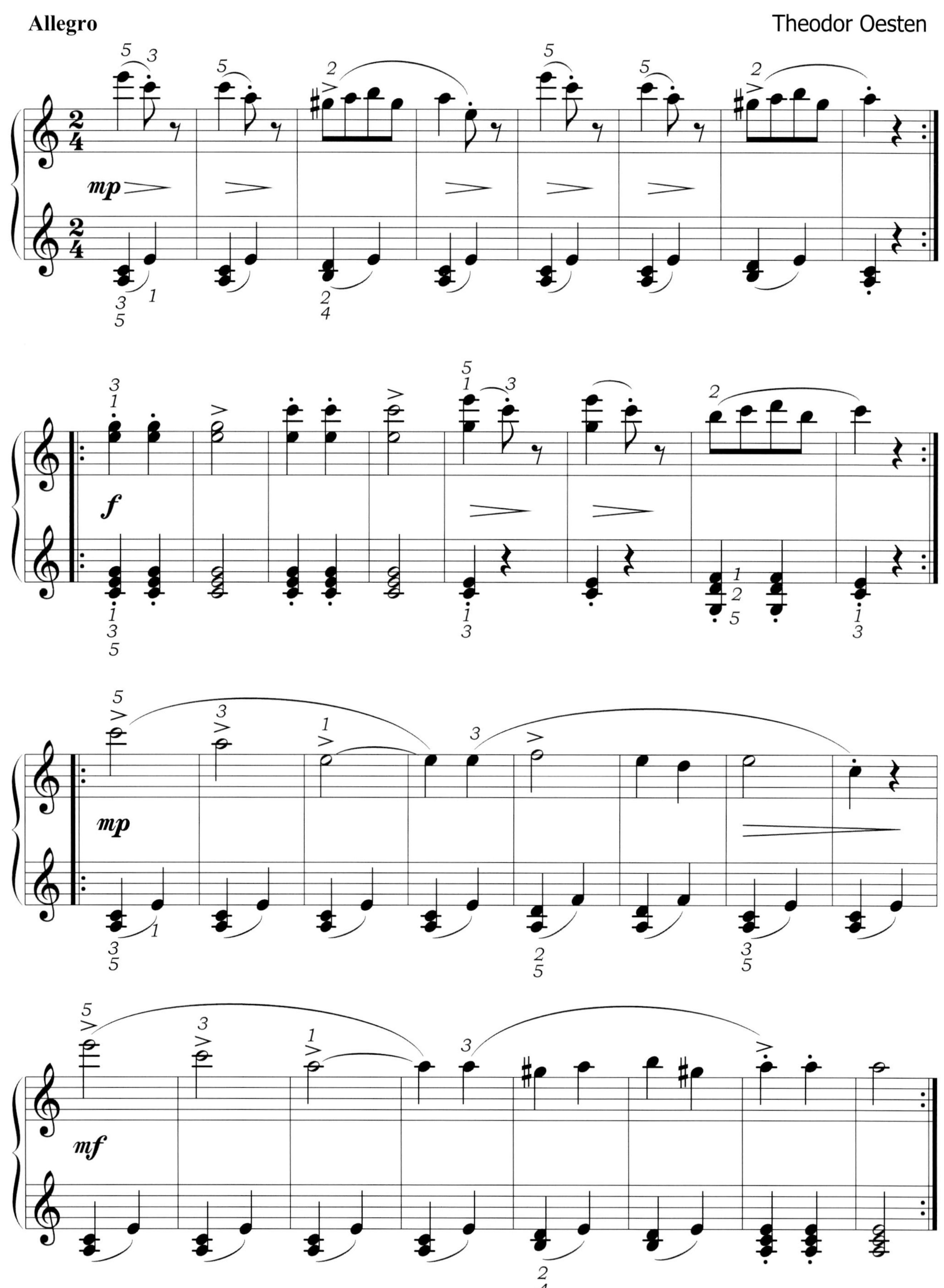

Das Steckenpferd

Allegretto

Cornelius Gurlitt

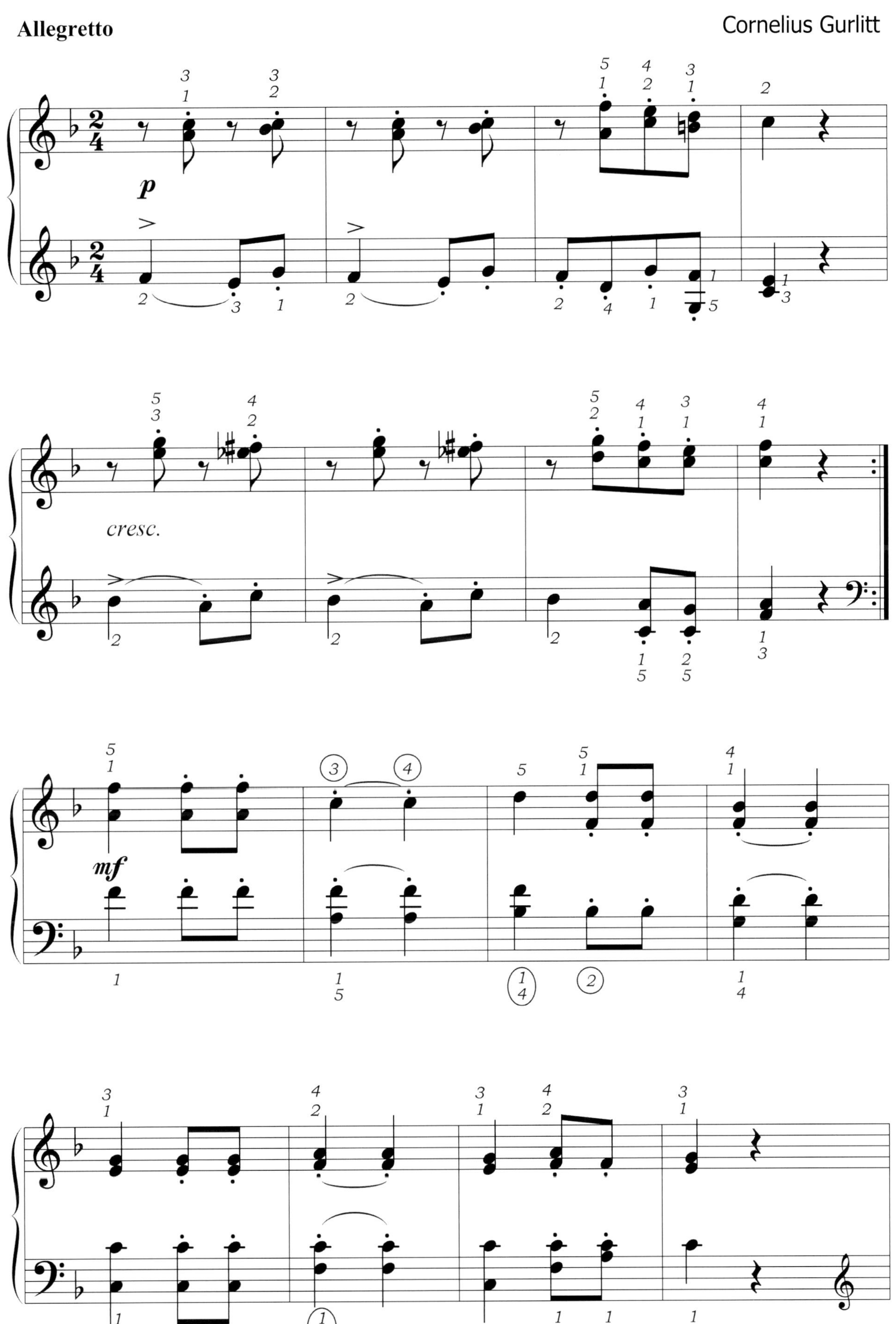

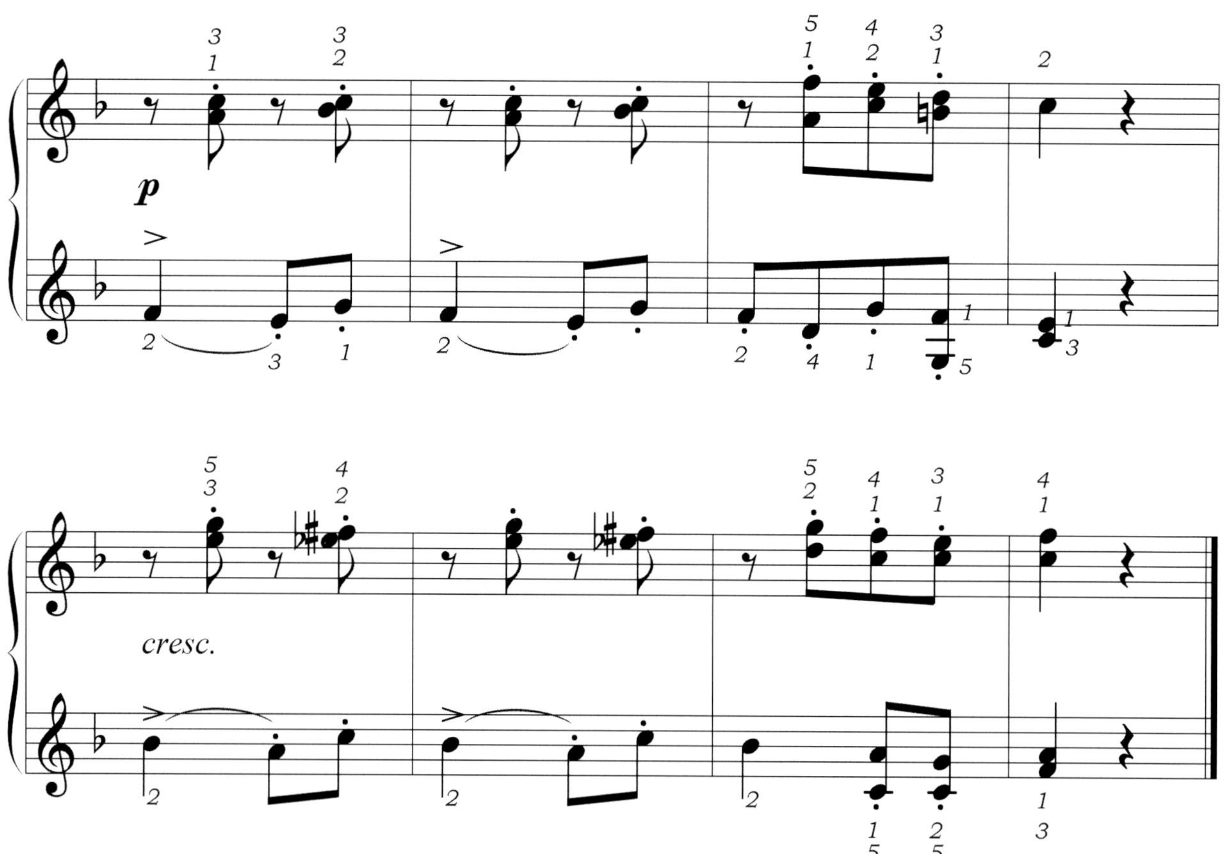

Bagatelle

Moderato

Jan Jakub Ryba

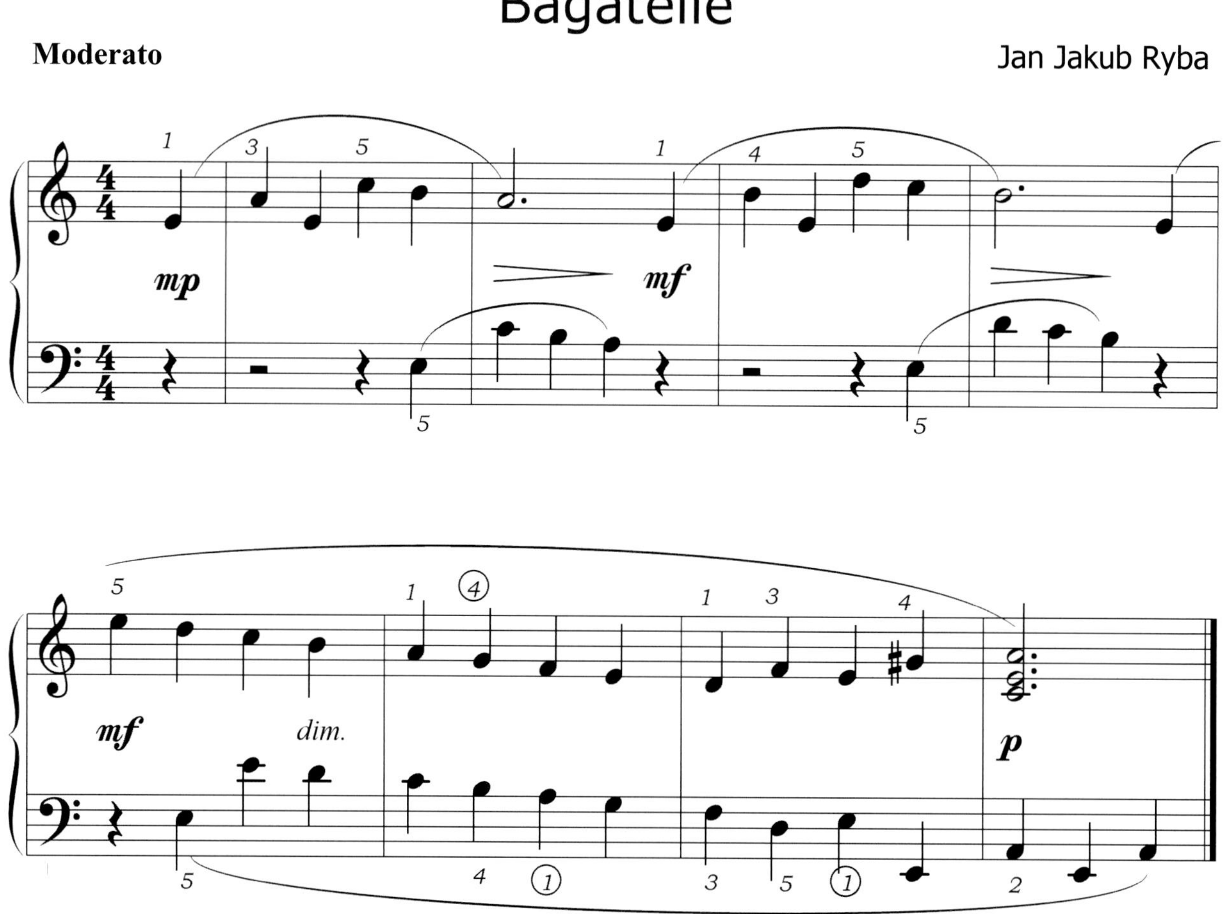

Schneeglöckchen

Gesangvoll, zärtlich

Linda Berg

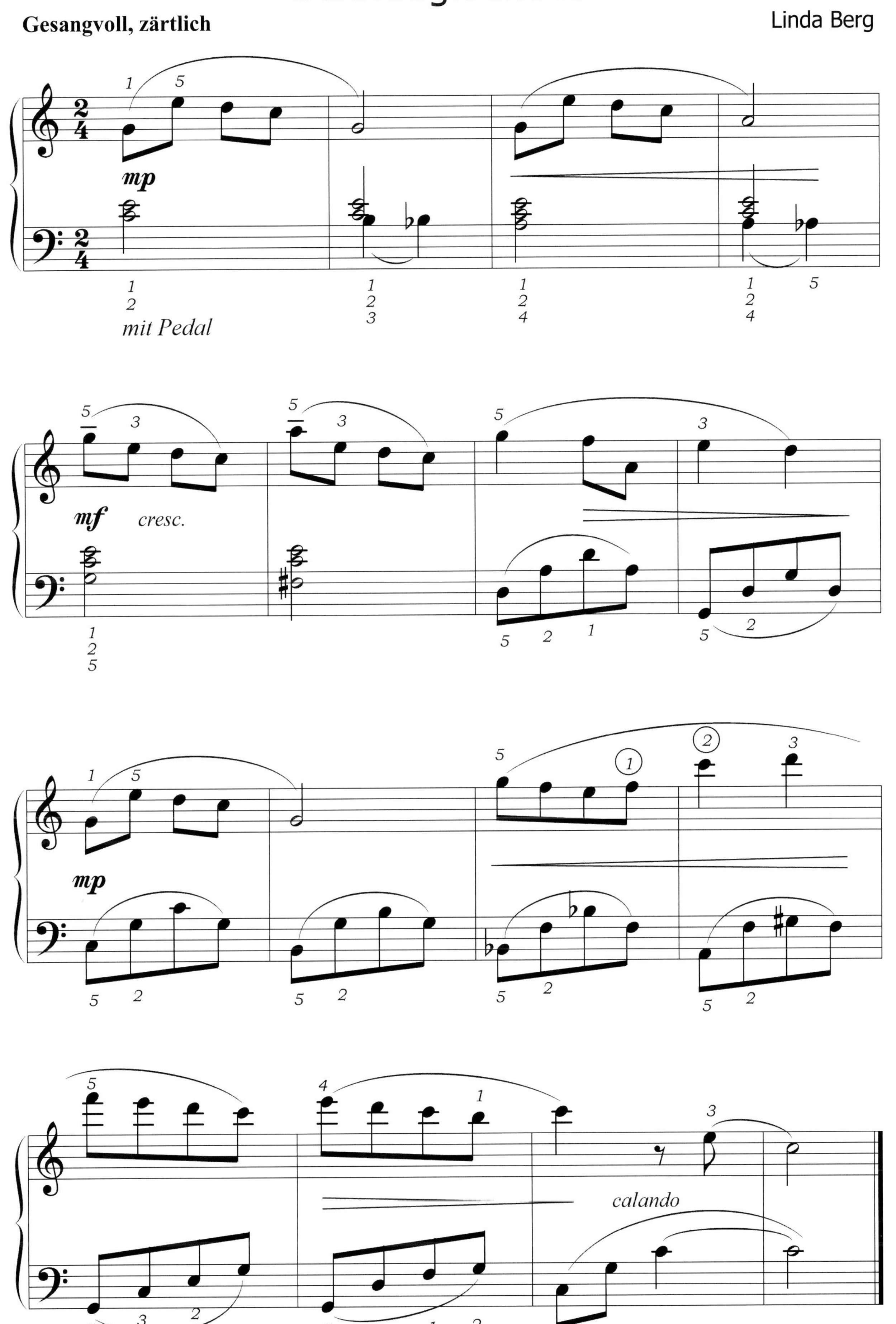

Im Zwergen Land

Alec Rowley

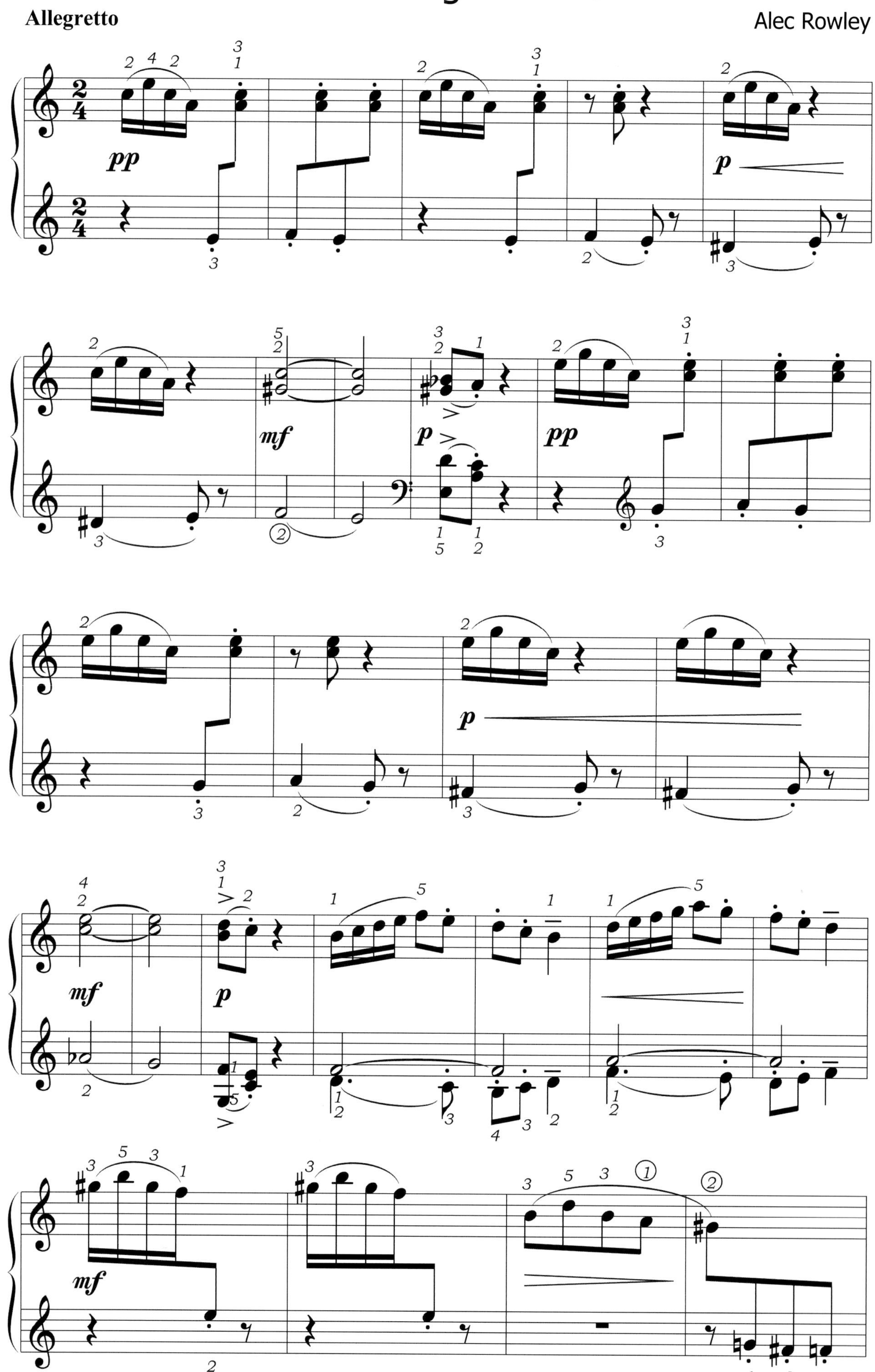

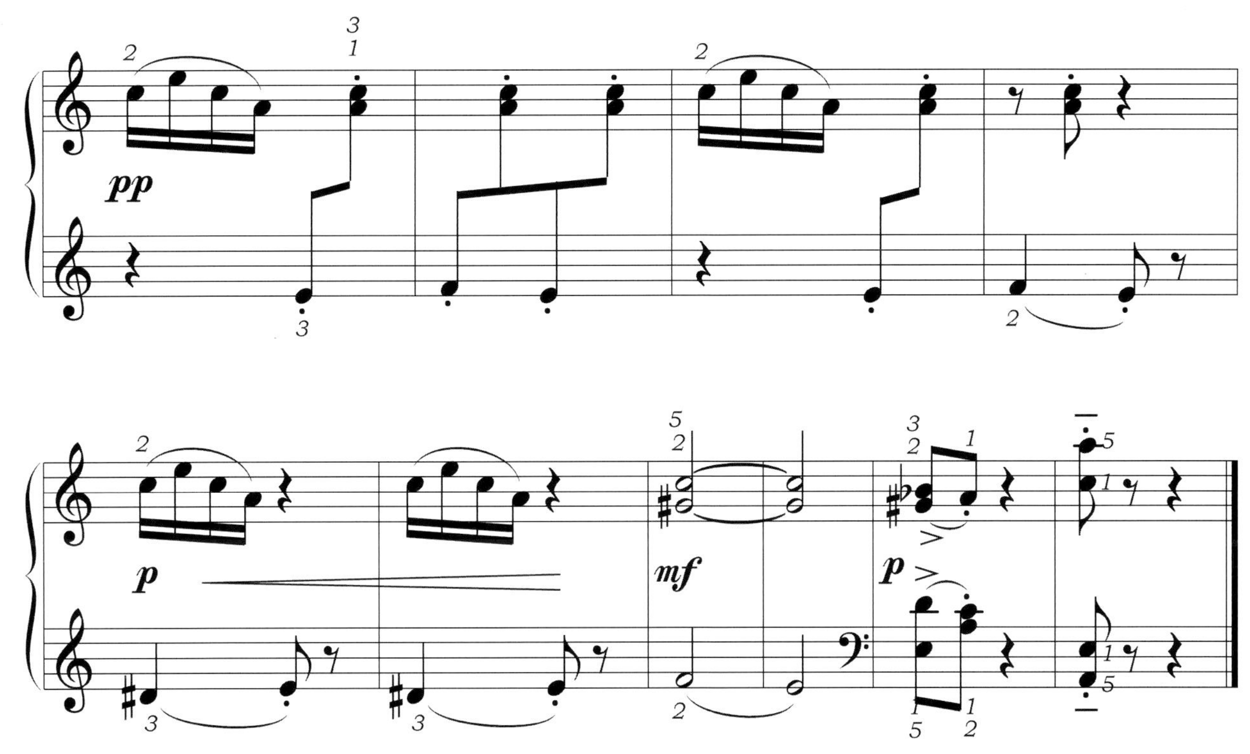

Der Esel

Moderato

A. Roloff

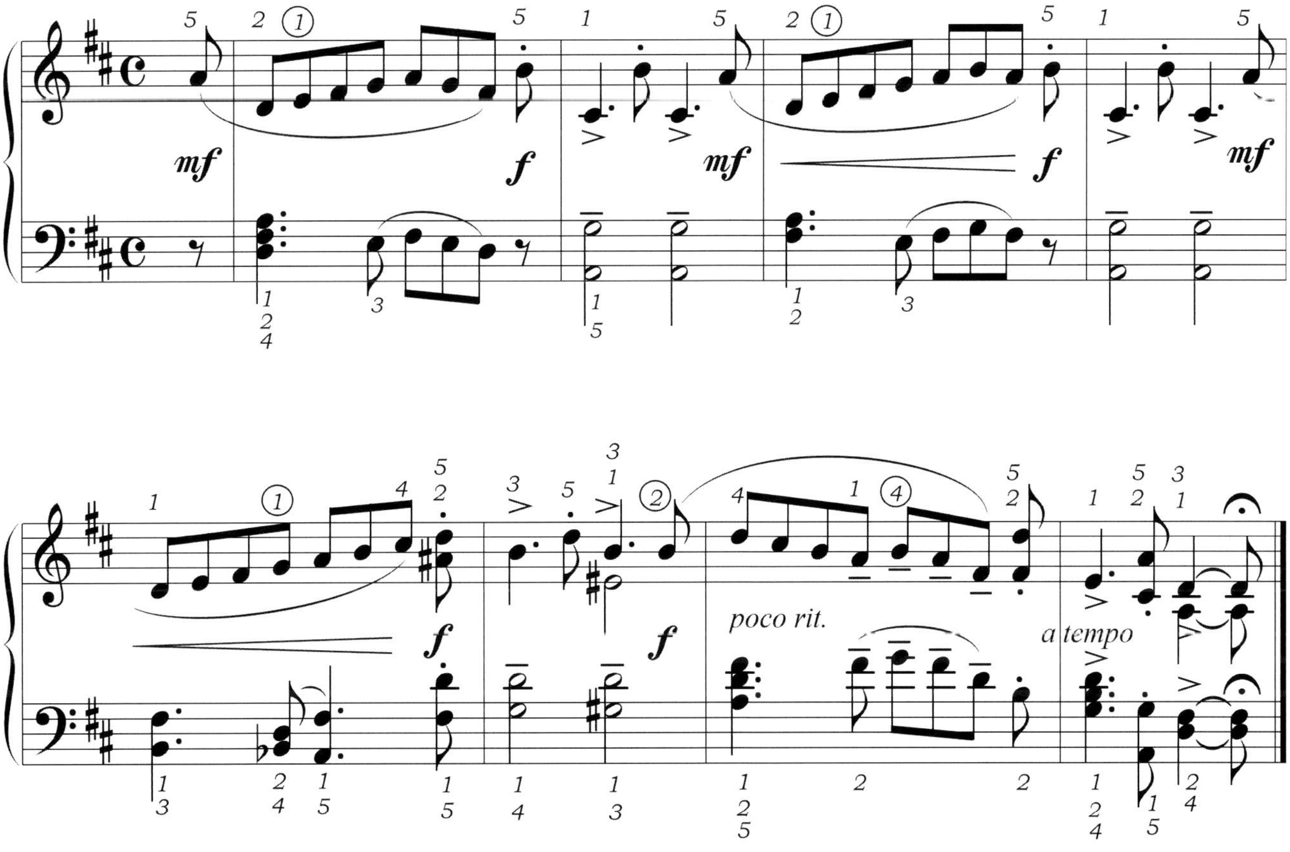

mf

f

poco rit.

a tempo

Sonatine

C-Dur

Albert Biehl

Allegro

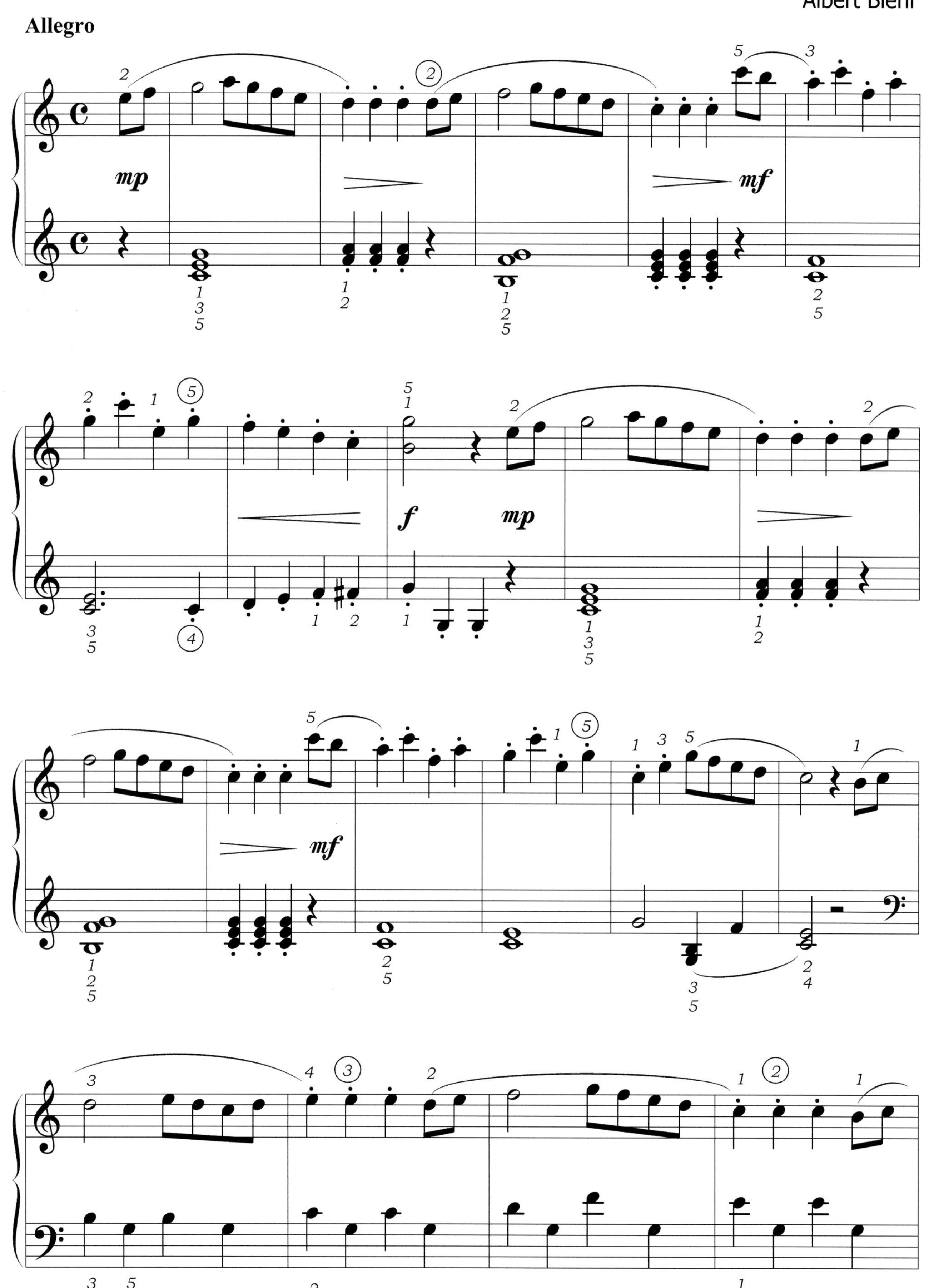

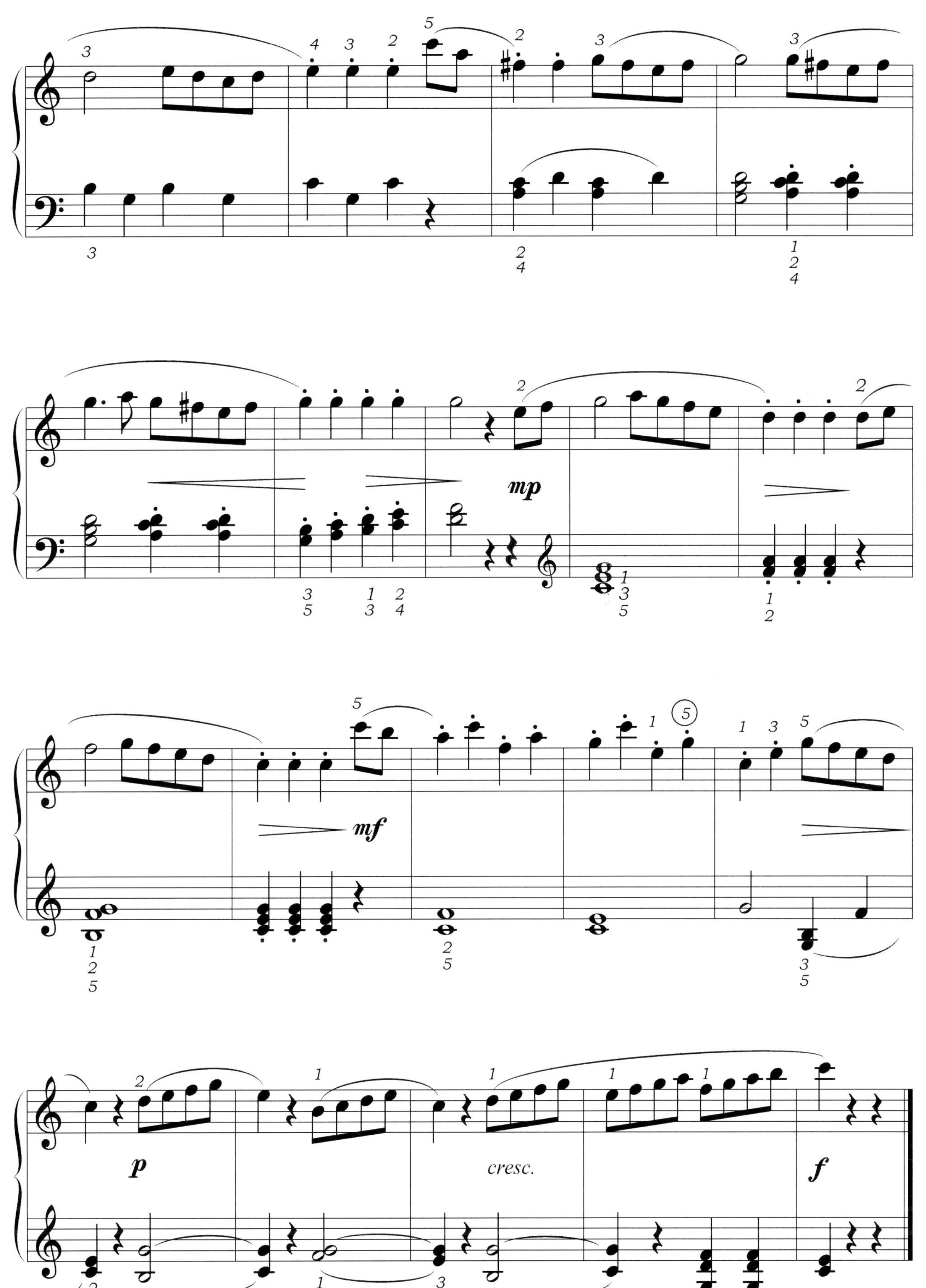
mp
mf
p
cresc.
f

Melodie

Moderato

Paul Zilcher

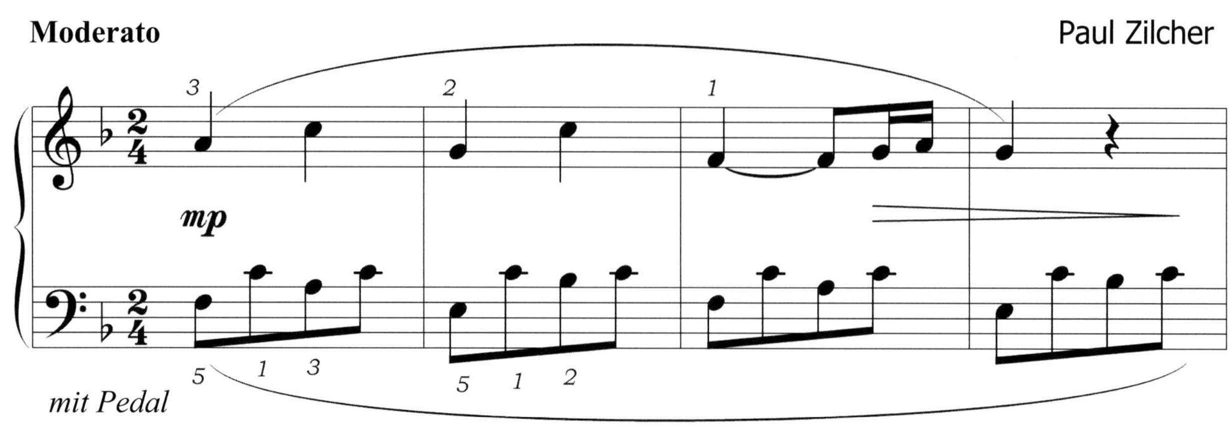

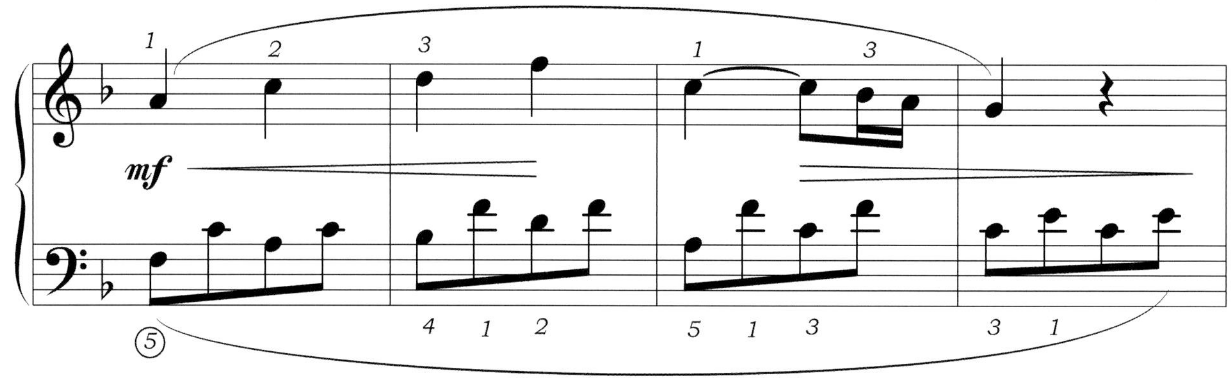

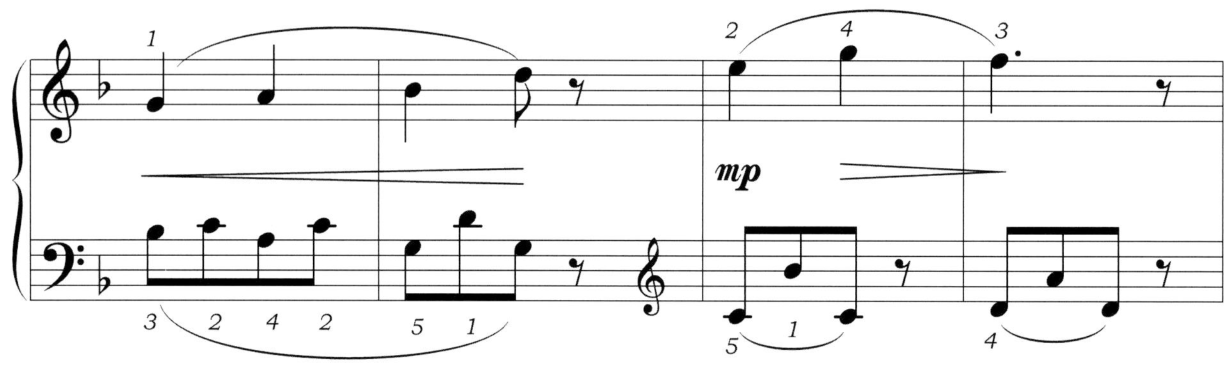

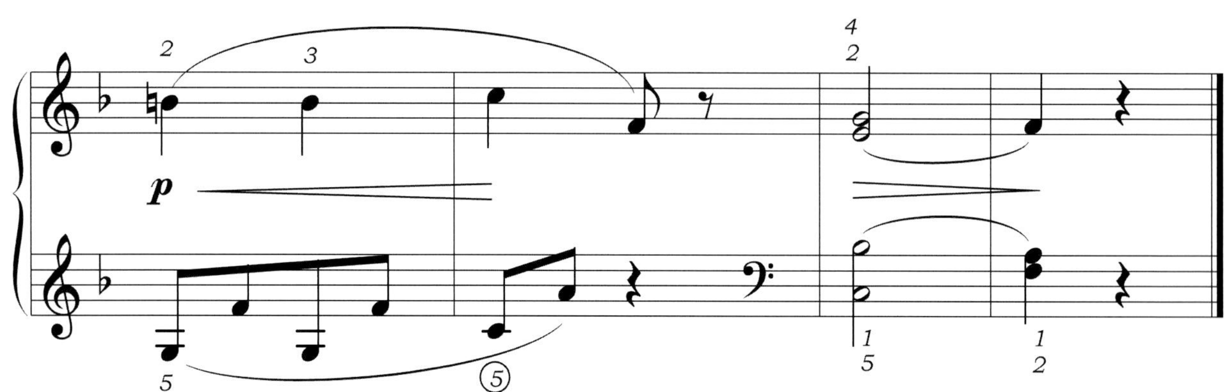

Allemande

Allegretto

Joseph Haydn

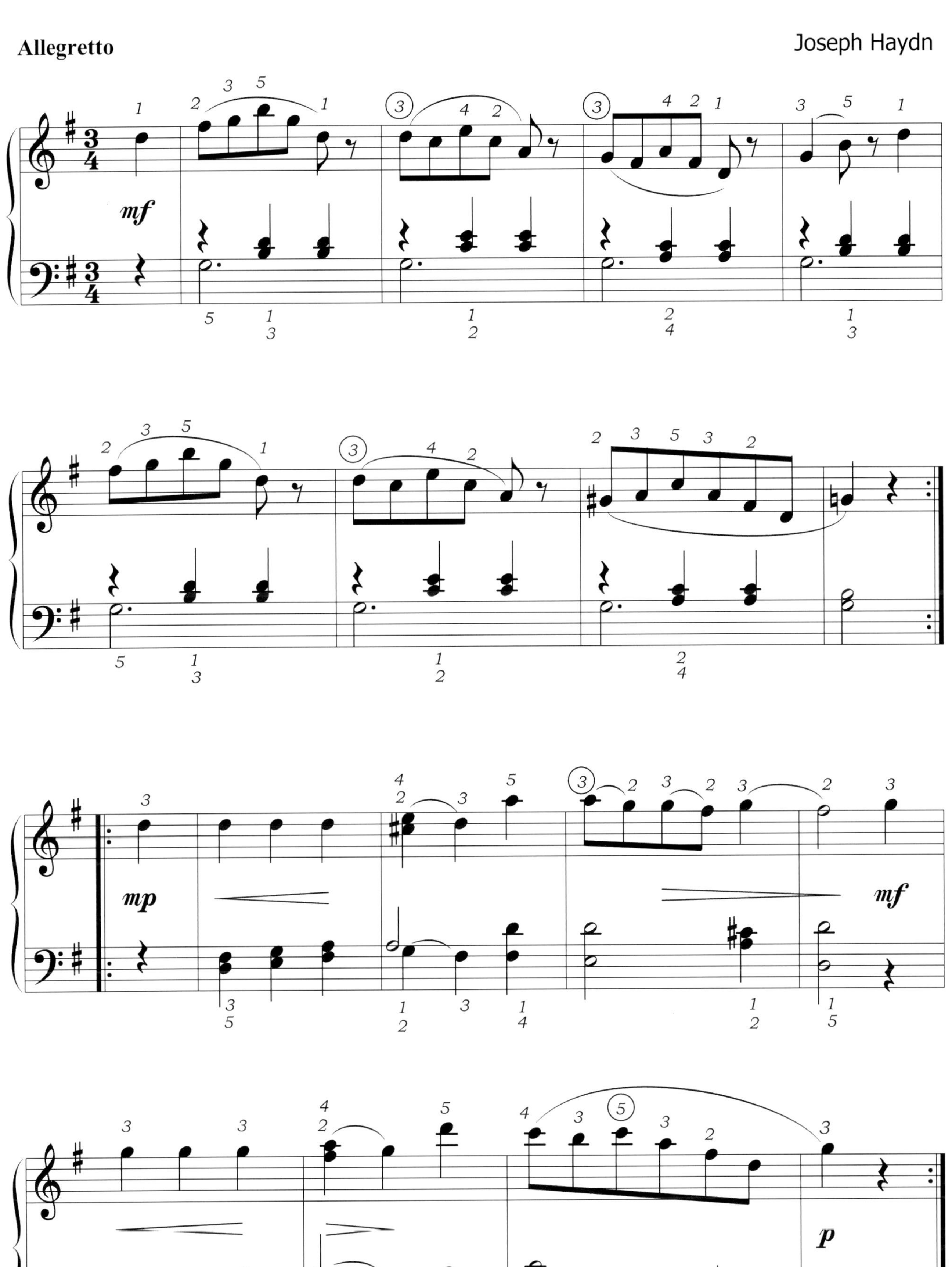

Im Wald am Bach

Ruhig, gesangvoll

Linda Berg

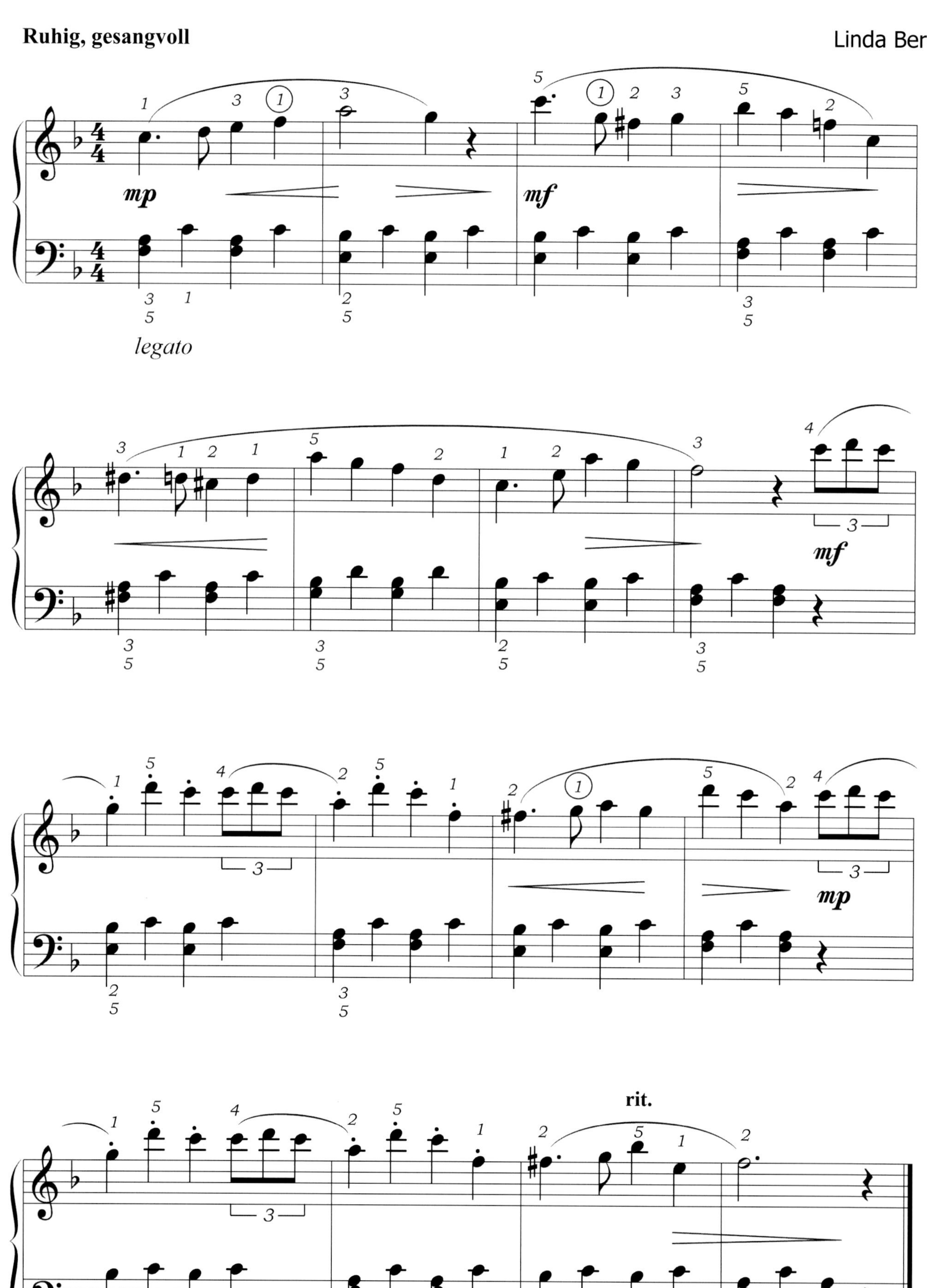

Tarantella

Allegro

Frank Lynes

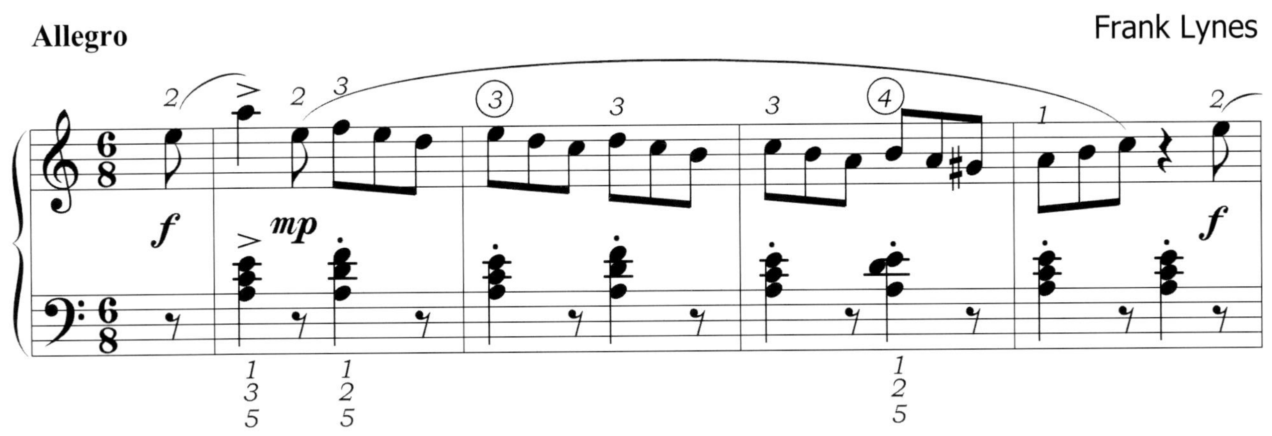

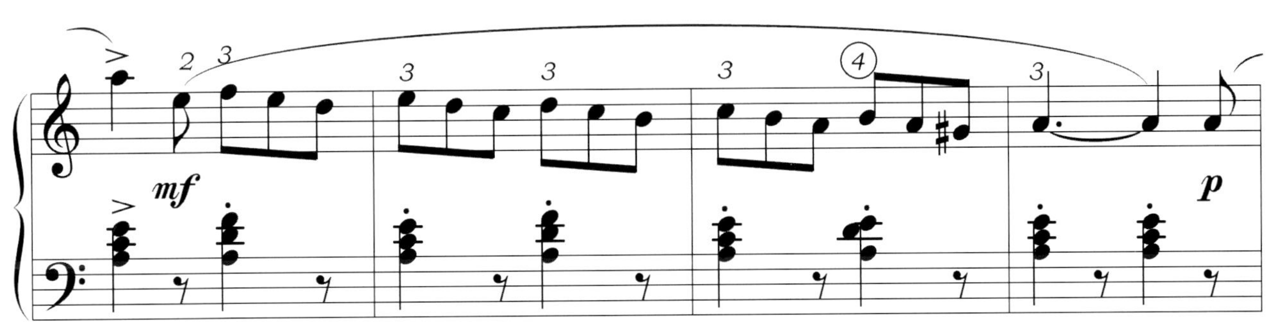

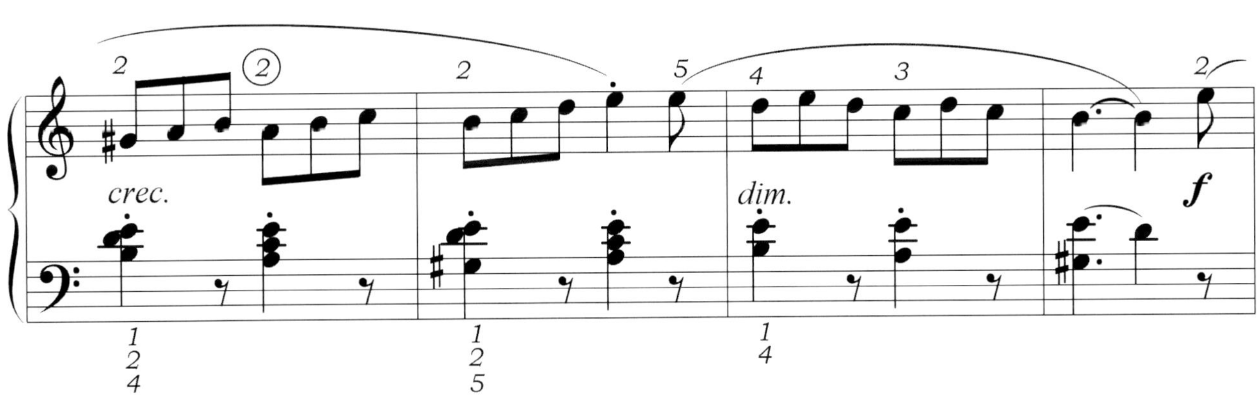

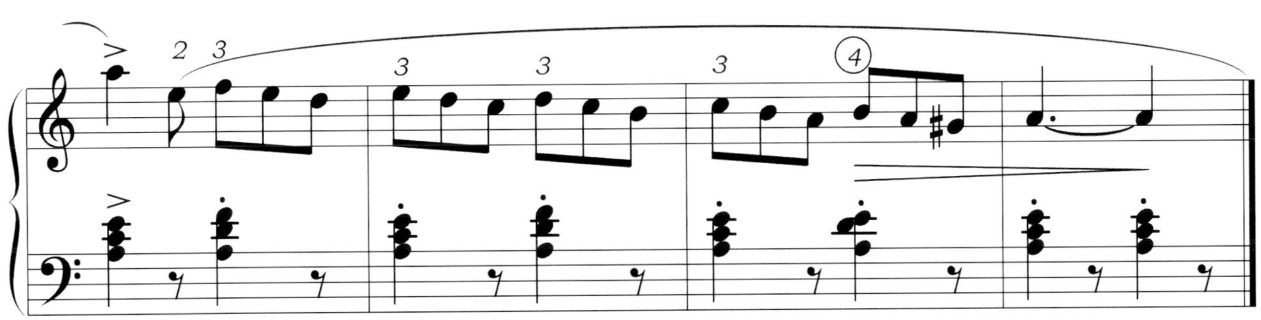

Abendlied

Andante espressivo

C. M. Spurling

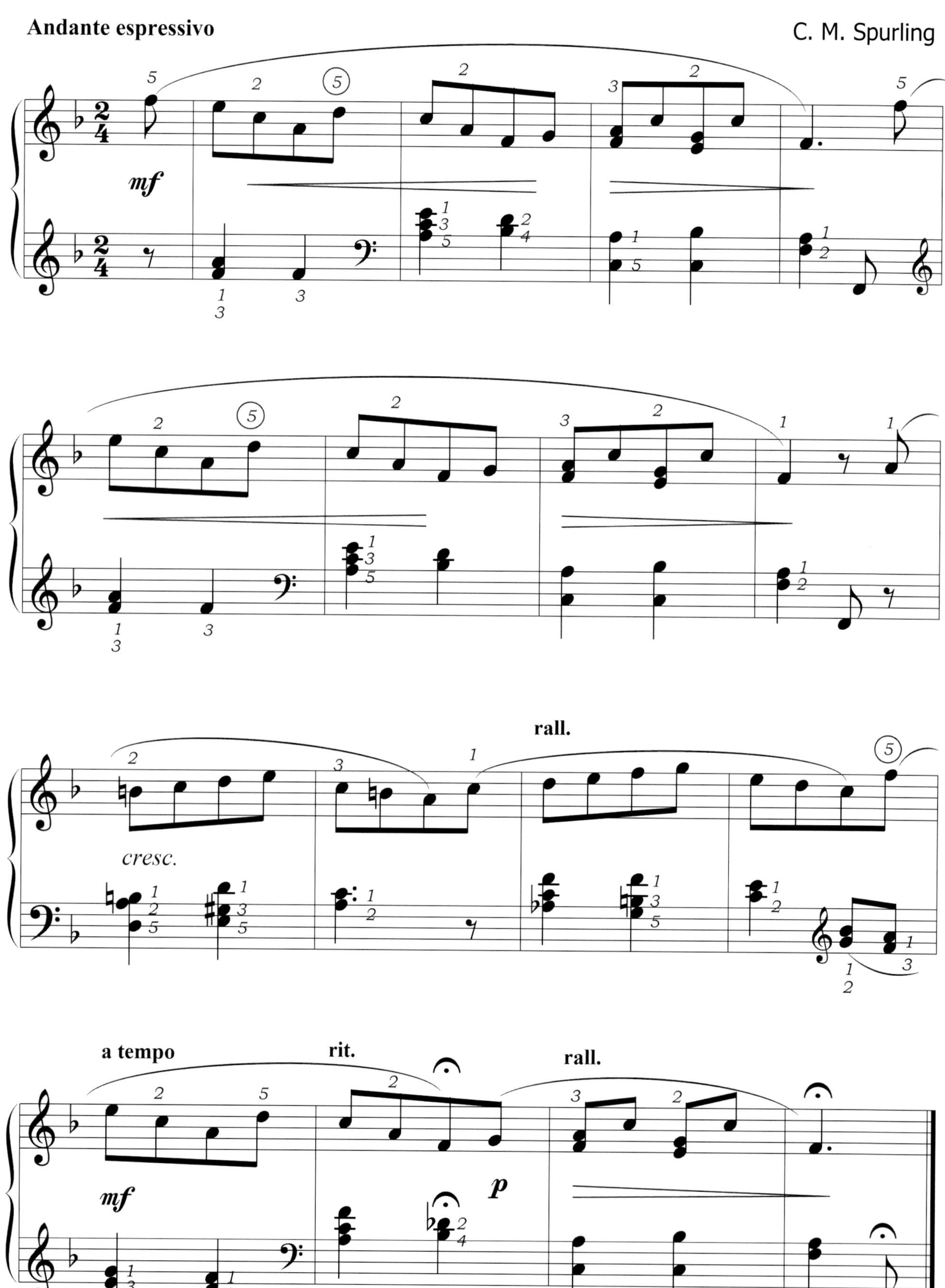

Für Elise

(Thema)

Poco moto

Ludwig van Beethoven

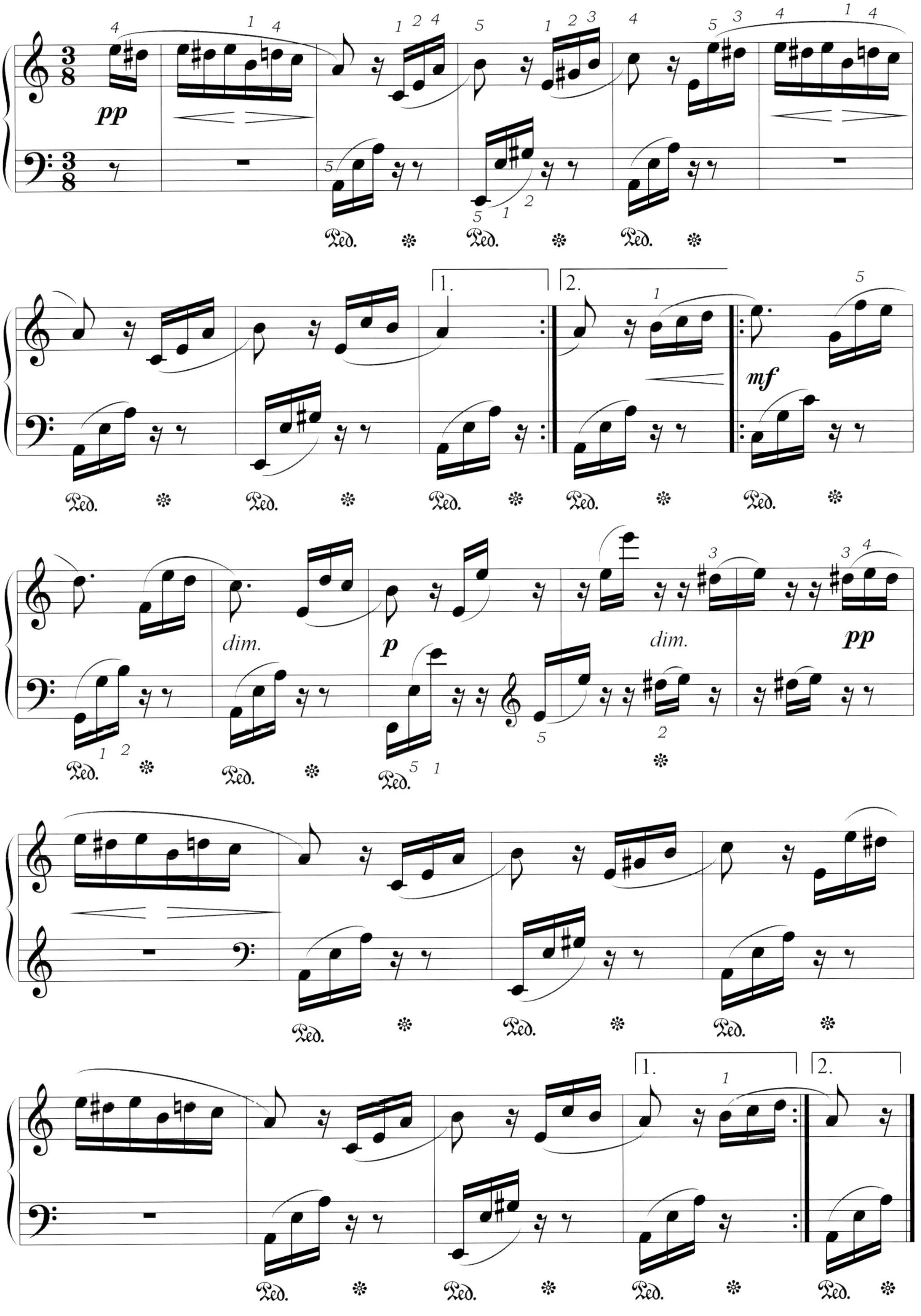

Allegretto

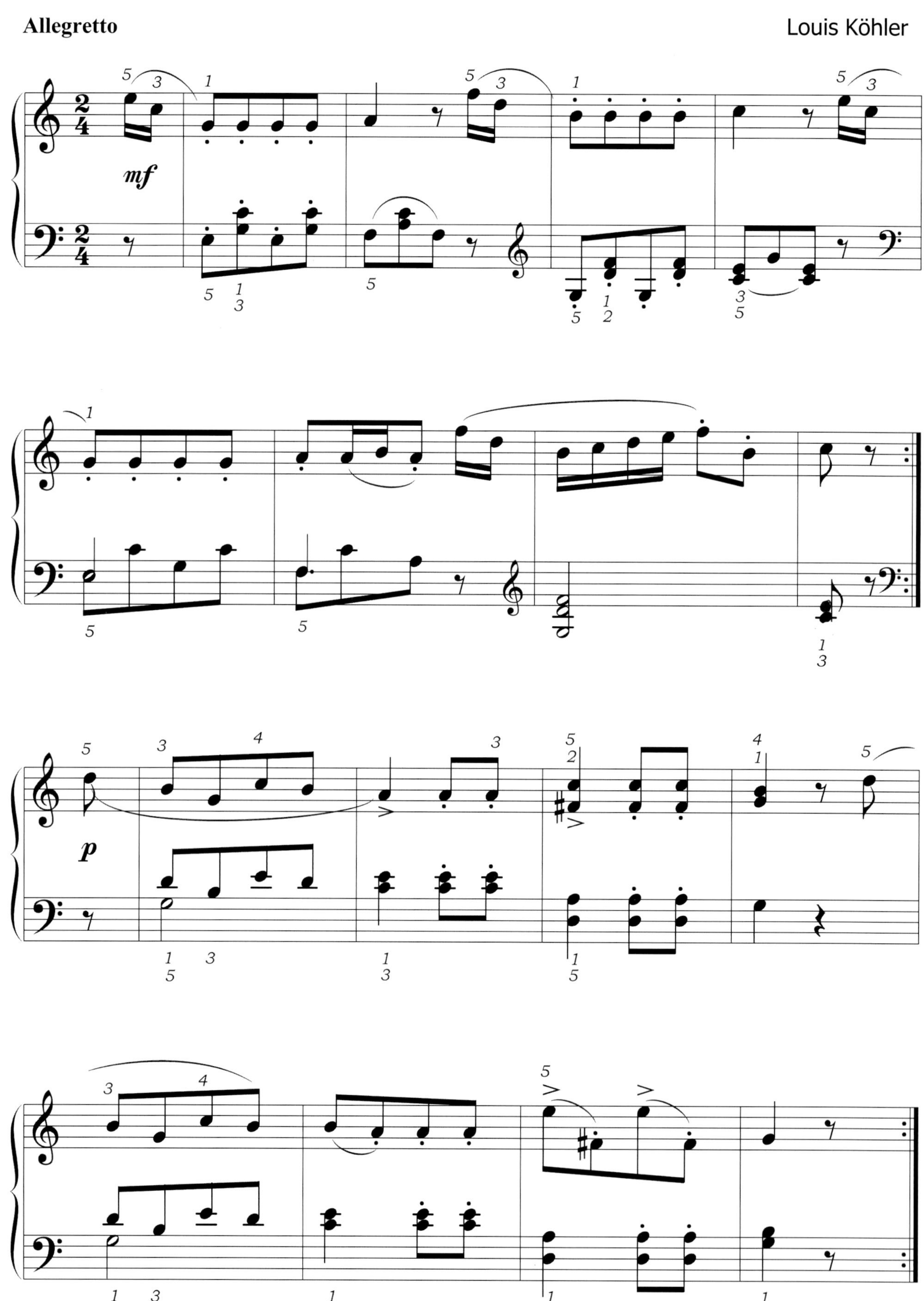

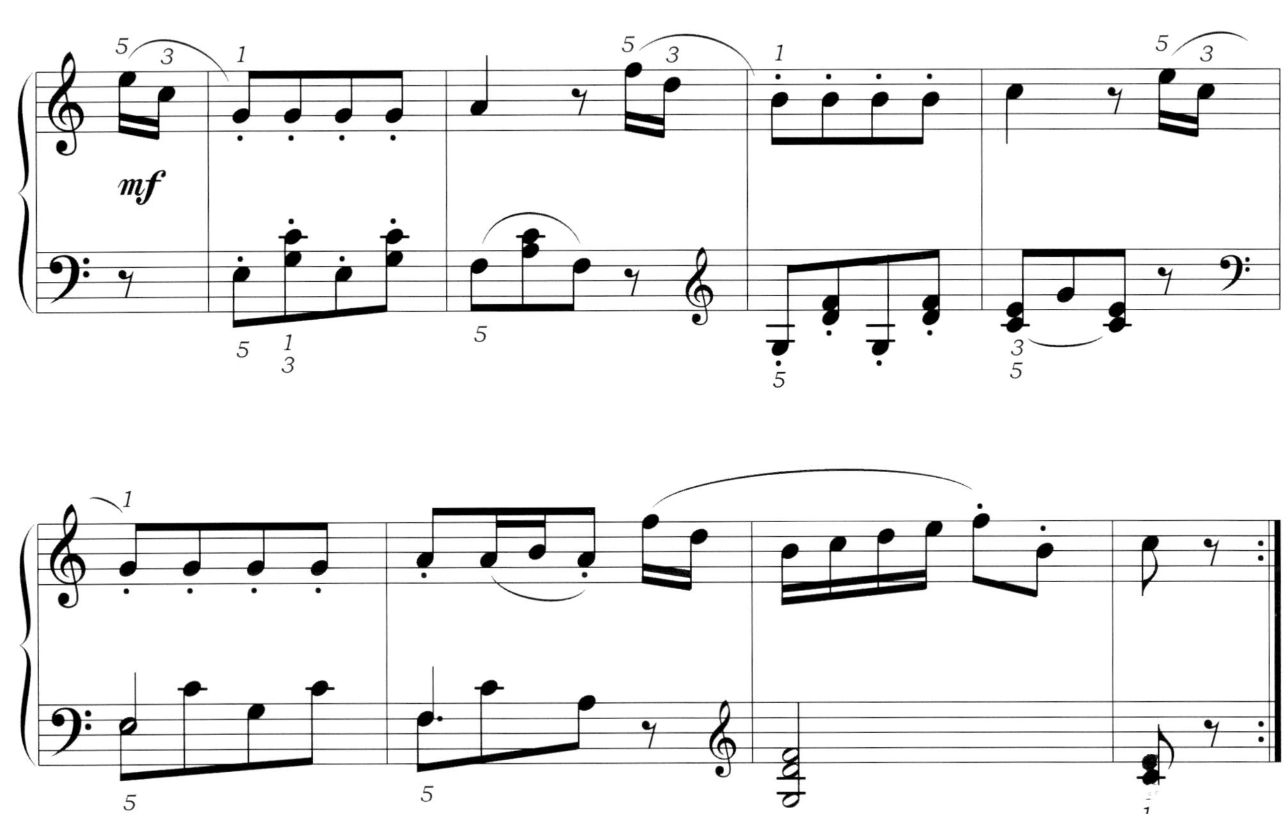

Am Kamin

Andantino

Cornelius Gurlitt

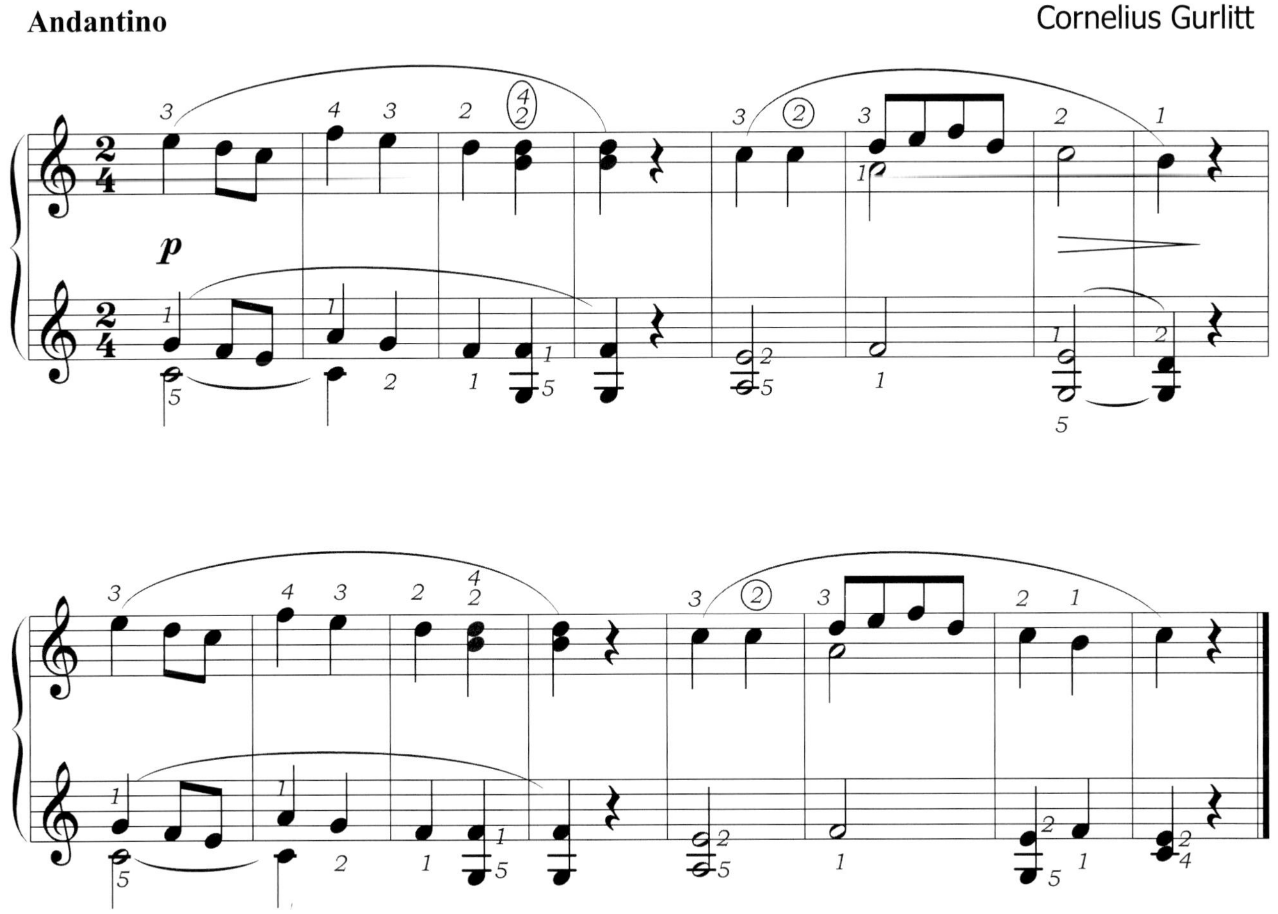

Auf den Wellen

Tranquillo

Olga Getalova

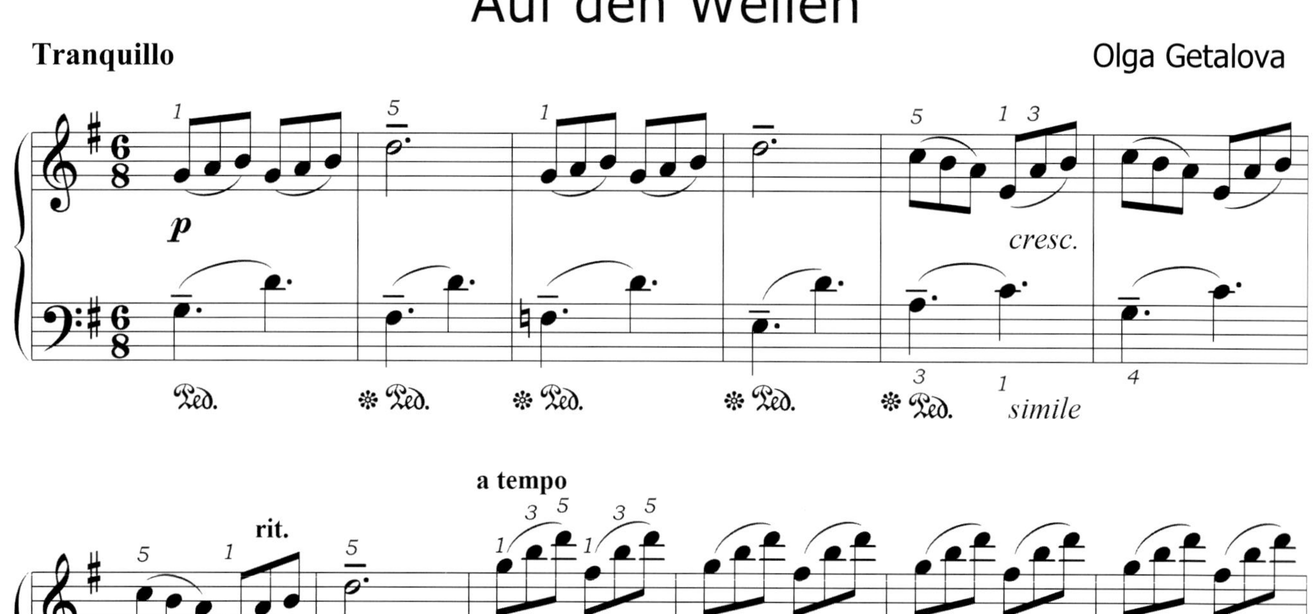

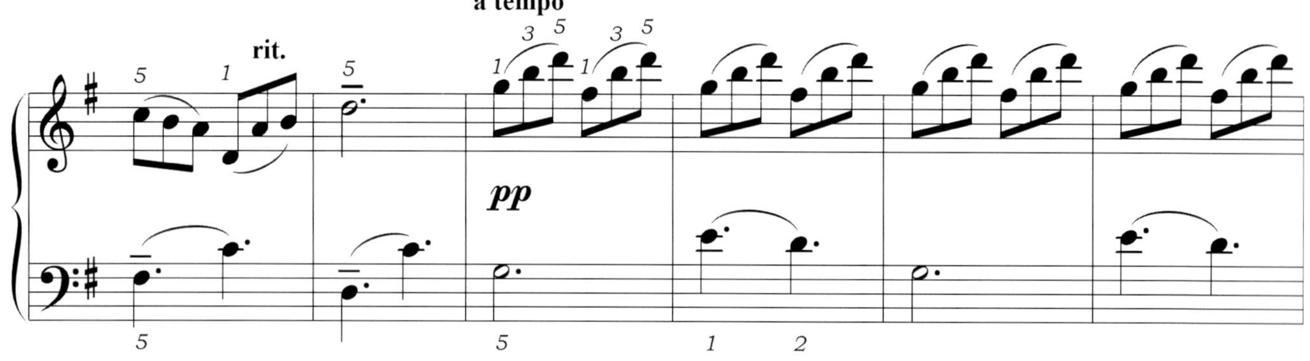

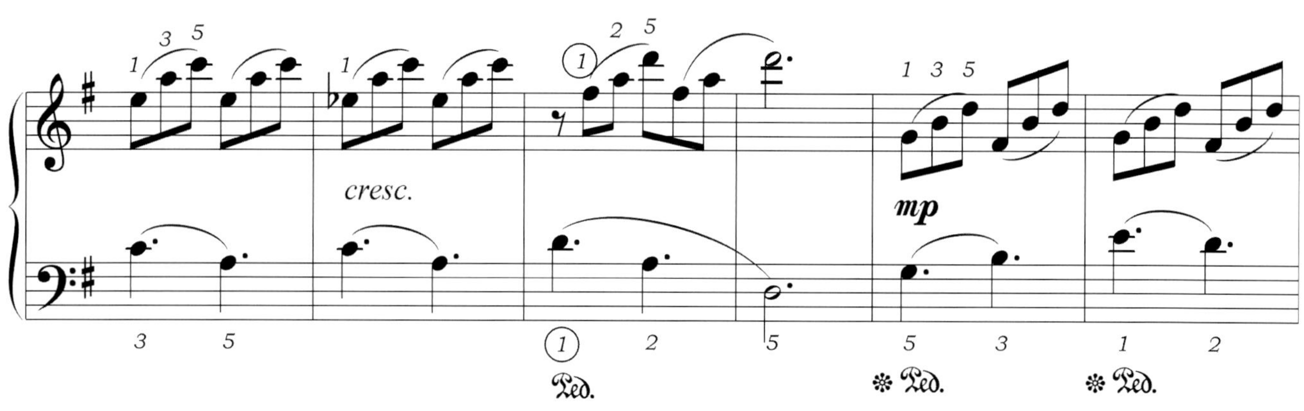

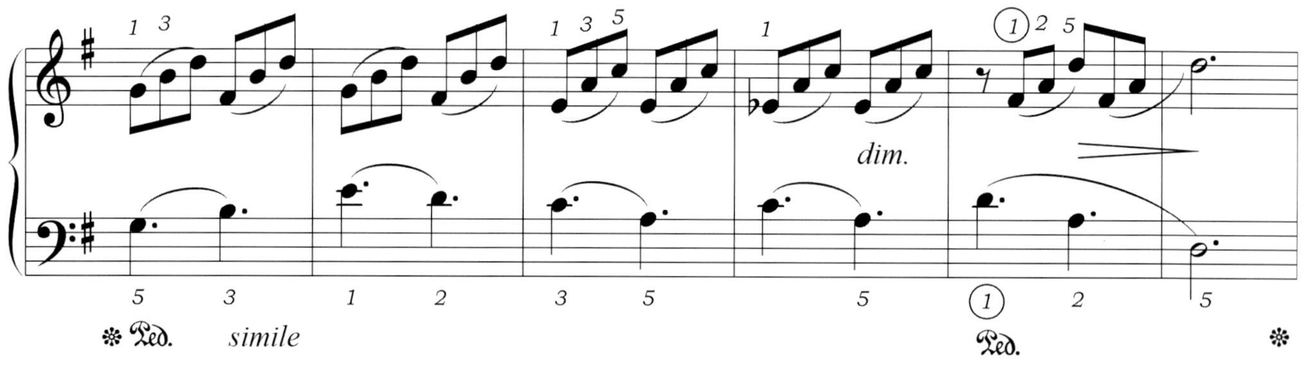

☼ 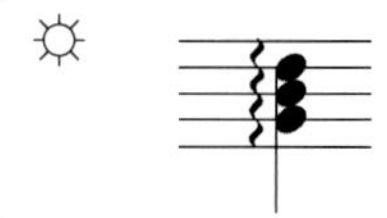 Das ist der gebrochene (arpeggierte) Akkord, dessen Töne werden nicht gleichzeitig, sondern werden sehr schnell nacheinander von unten nach oben angeschlagen.

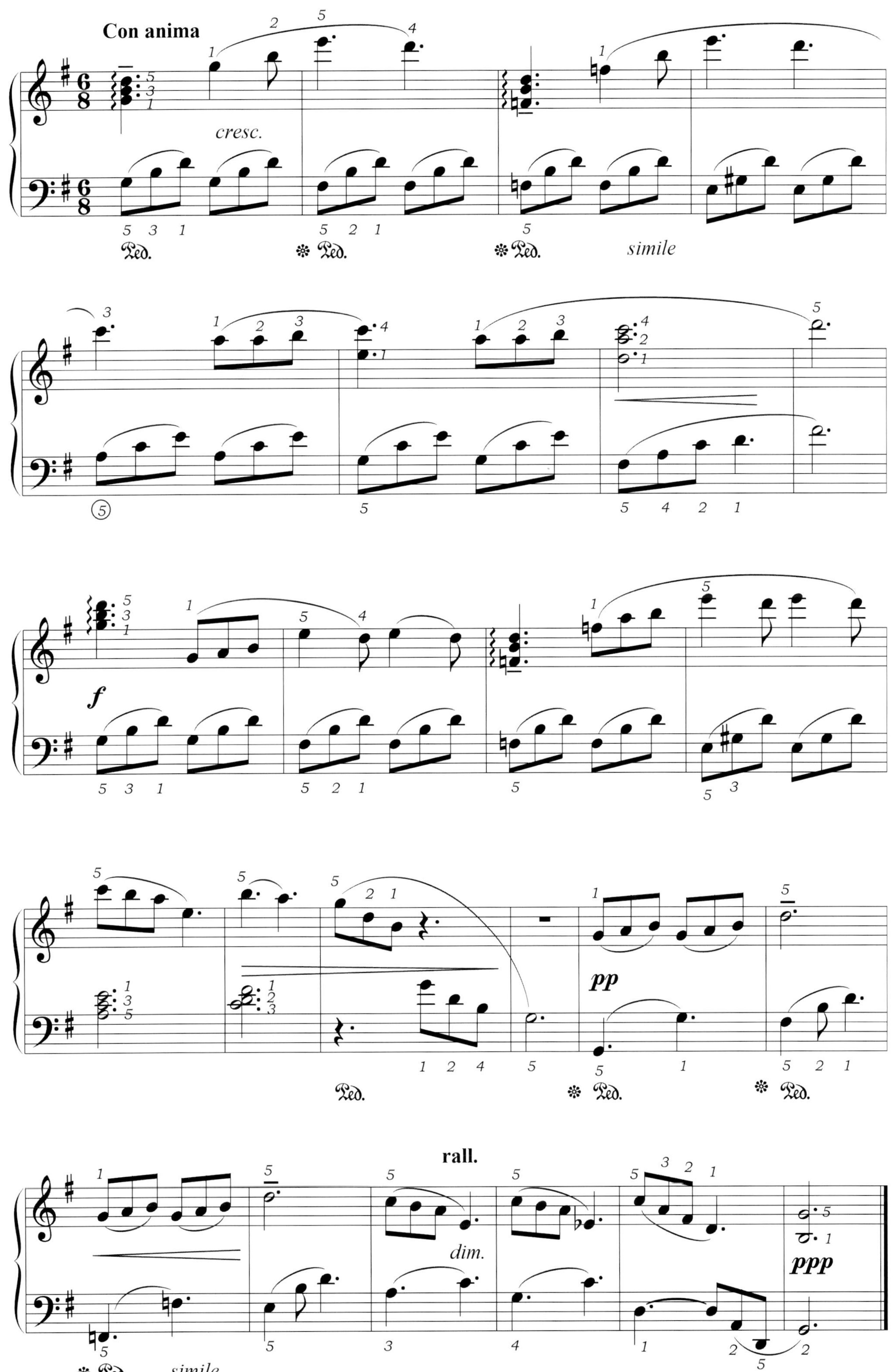
Con anima
cresc.
Ped.
simile
f
pp
rall.
dim.
ppp

Morgen, Kinder, wird's was geben

Morgen, Kinder, wird's was geben,
Morgen werden wir uns freu'n!
Welch ein Jubel, welch ein Leben
Wird in unserem Hause sein!
Einmal werden wir noch wach,
Heissa! dann ist Weihnachtstag!

Text: Karl Friedrich Splittegarb
Musik: Karl Gottlieb Hering

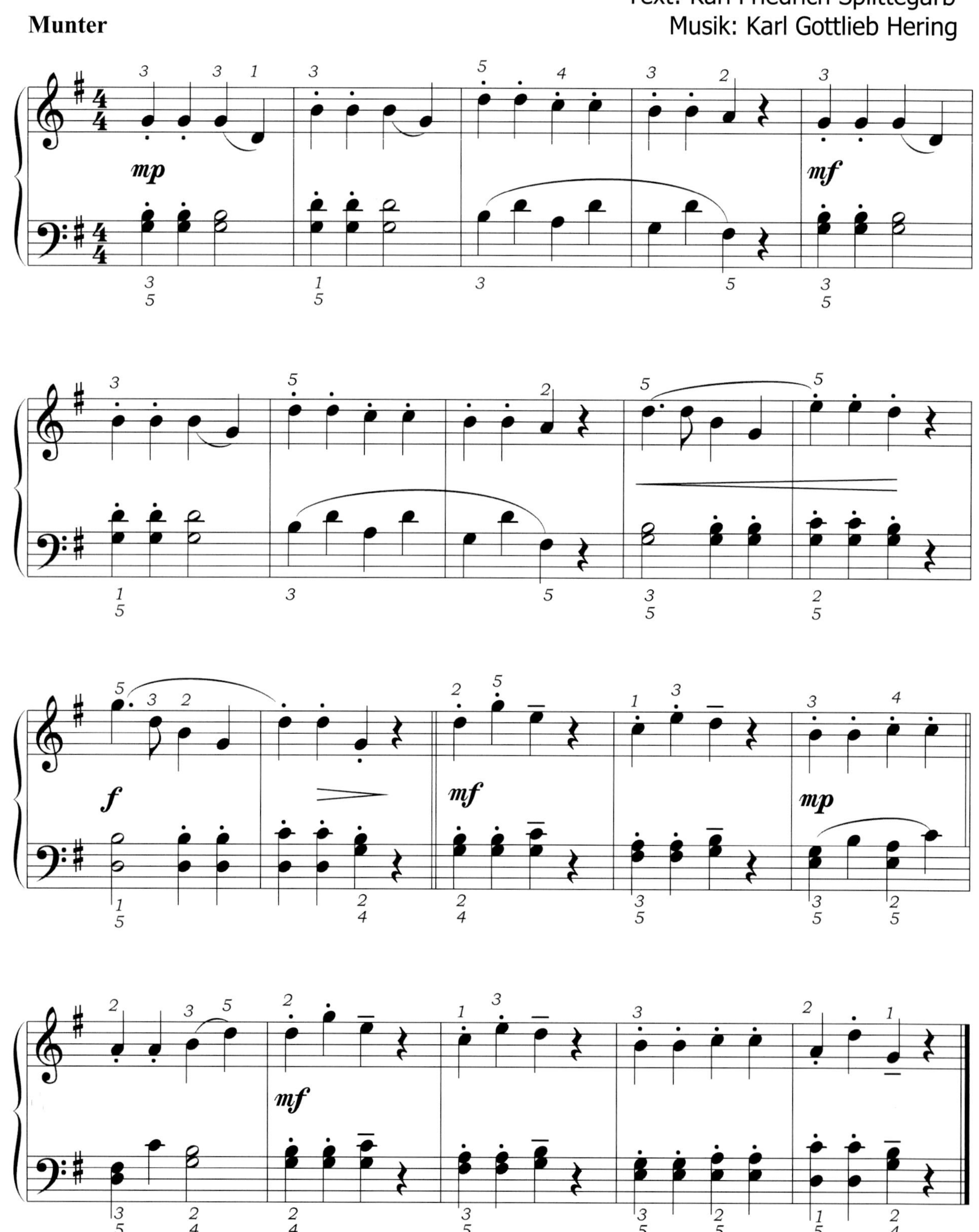

Kleine Serenade

Joseph Haydn

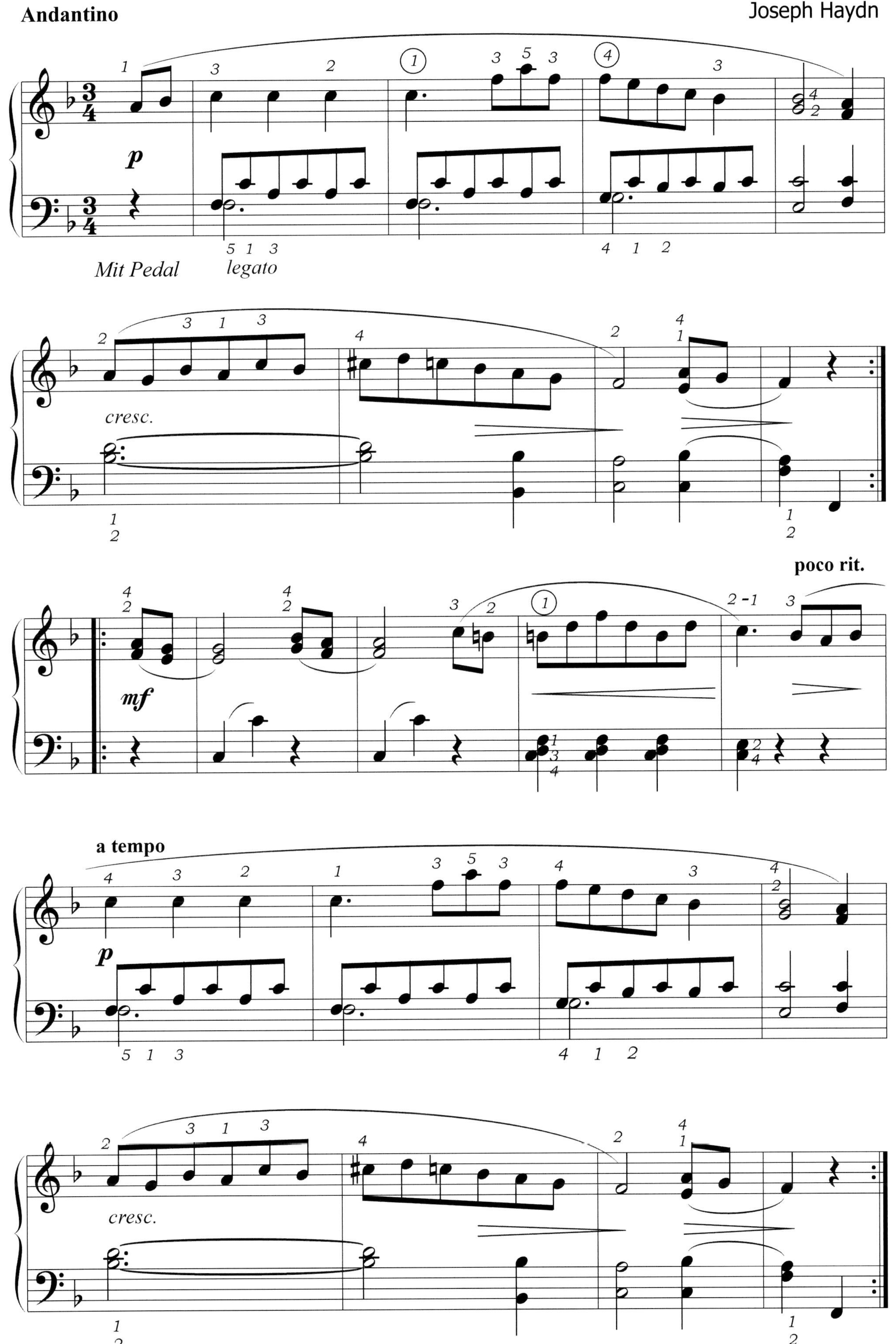

Frohsinn

Allegretto

Friederich Burgmüller

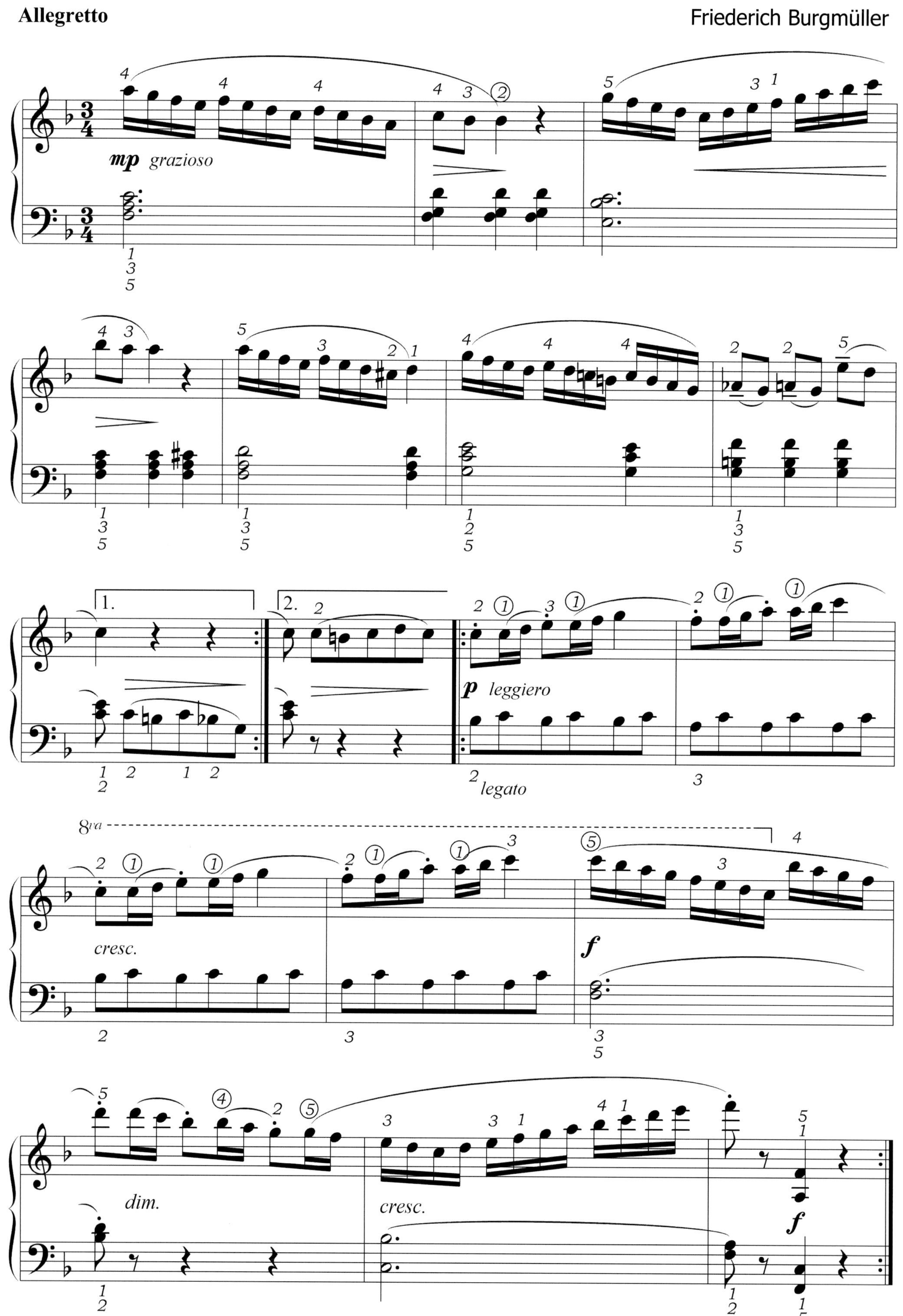

Die kurzen Fingerübungen

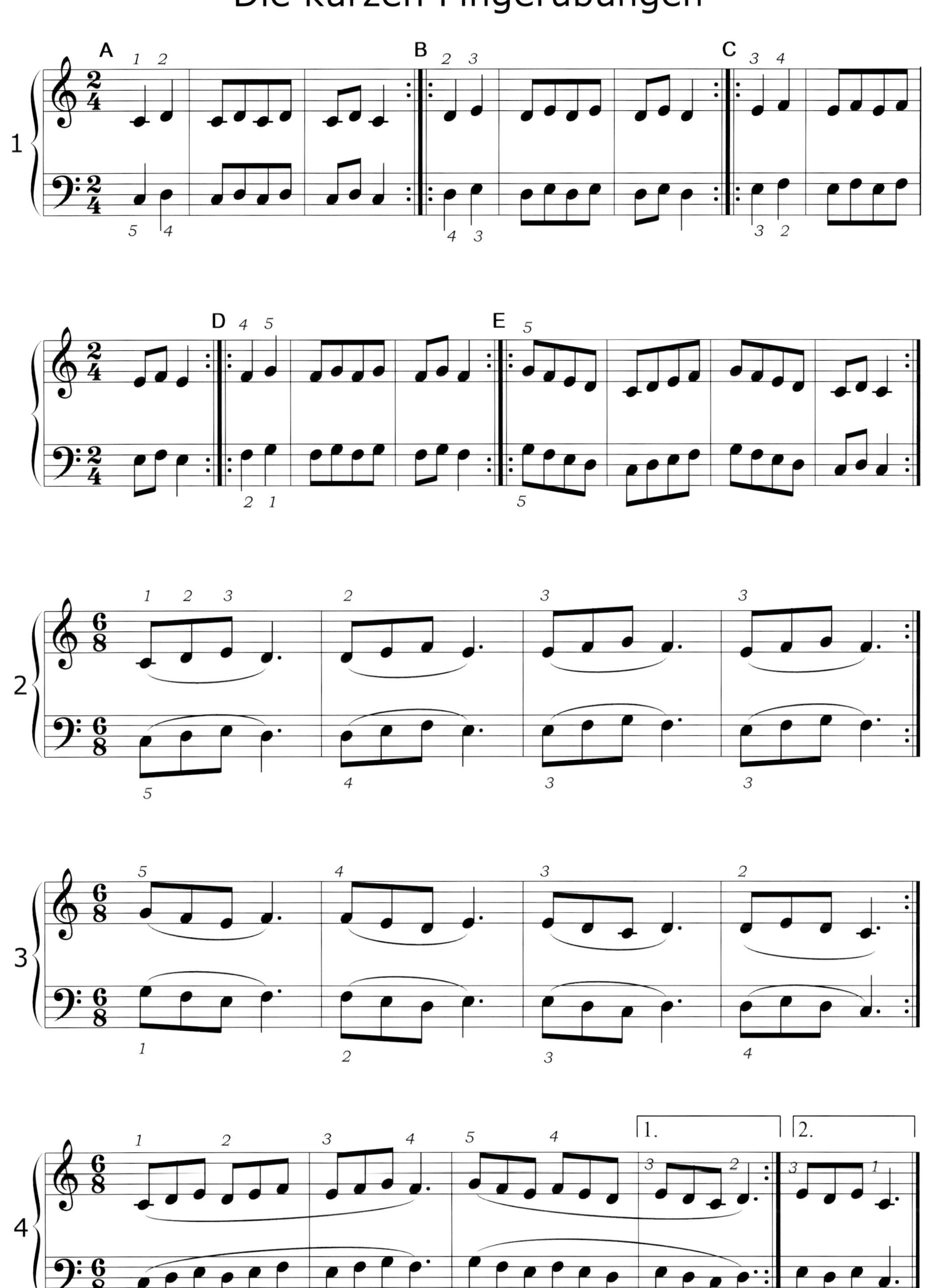

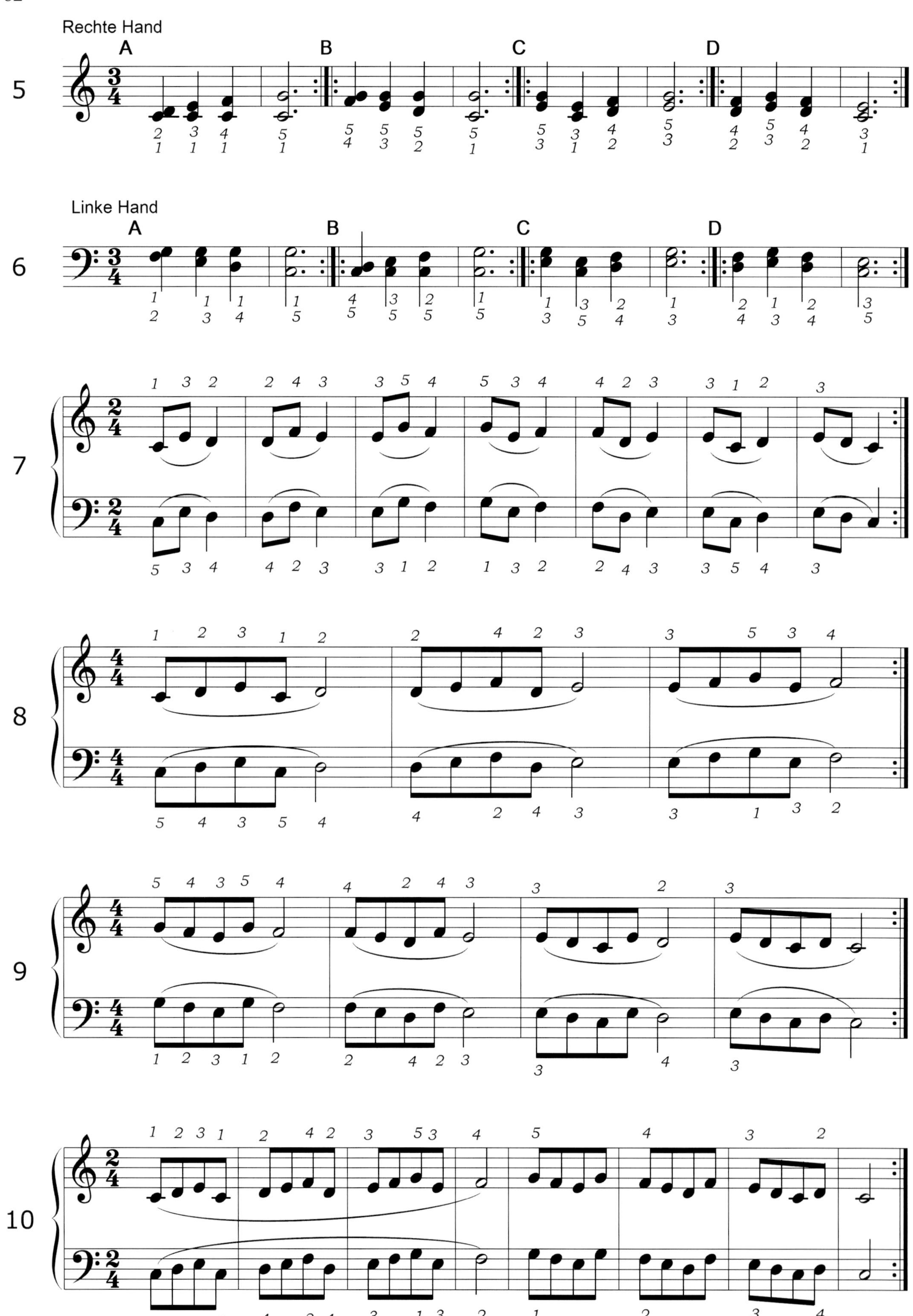
Rechte Hand
A
B
C
D
5
Linke Hand
A
B
C
D
6
7
8
9
10

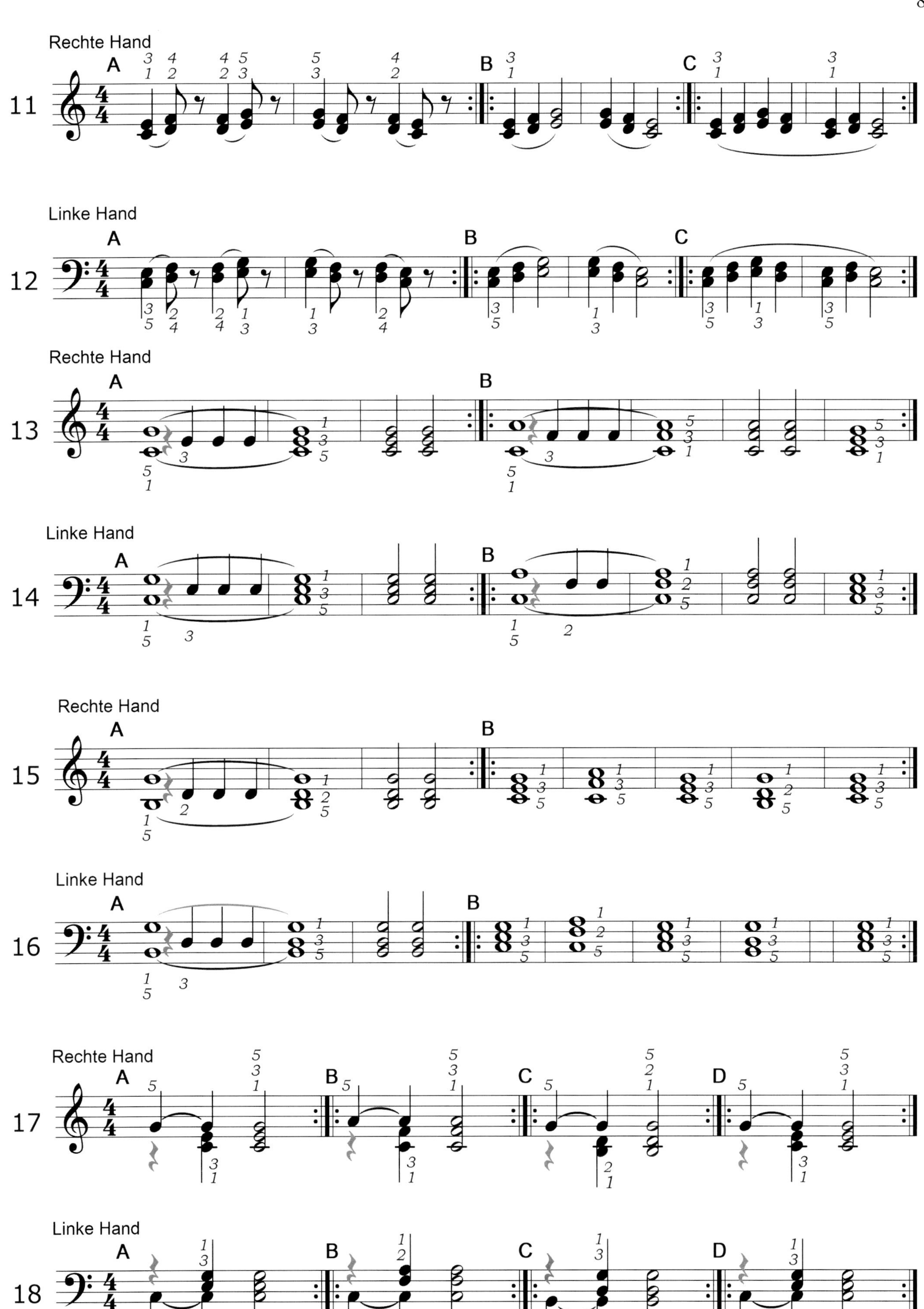
Rechte Hand
11
Linke Hand
12
Rechte Hand
13
Linke Hand
14
Rechte Hand
15
Linke Hand
16
Rechte Hand
17
Linke Hand
18

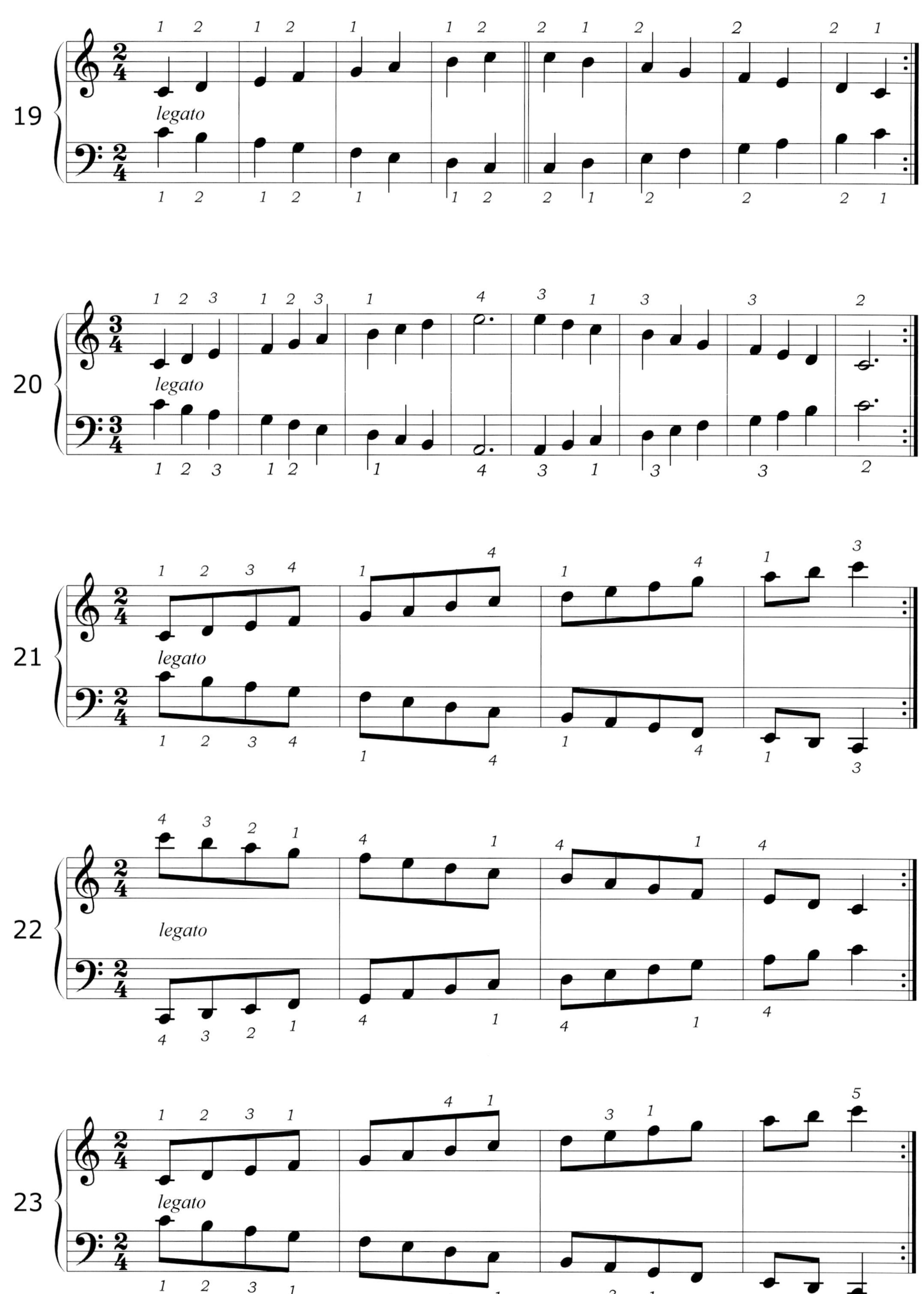
19
1 2 1 2 1 1 2 2 1 2 2 2 1
legato
1 2 1 2 1 1 2 2 1 2 2 2 1
20
1 2 3 1 2 3 1 4 3 1 3 3 2
legato
1 2 3 1 2 1 4 3 1 3 3 2
21
1 2 3 4 1 4 1 4 1 3
legato
1 2 3 4 1 4 1 4 1 3
22
4 3 2 1 4 1 4 1 4
legato
4 3 2 1 4 1 4 1 4
23
1 2 3 1 4 1 3 1 5
legato
1 2 3 1 4 1 3 1 5

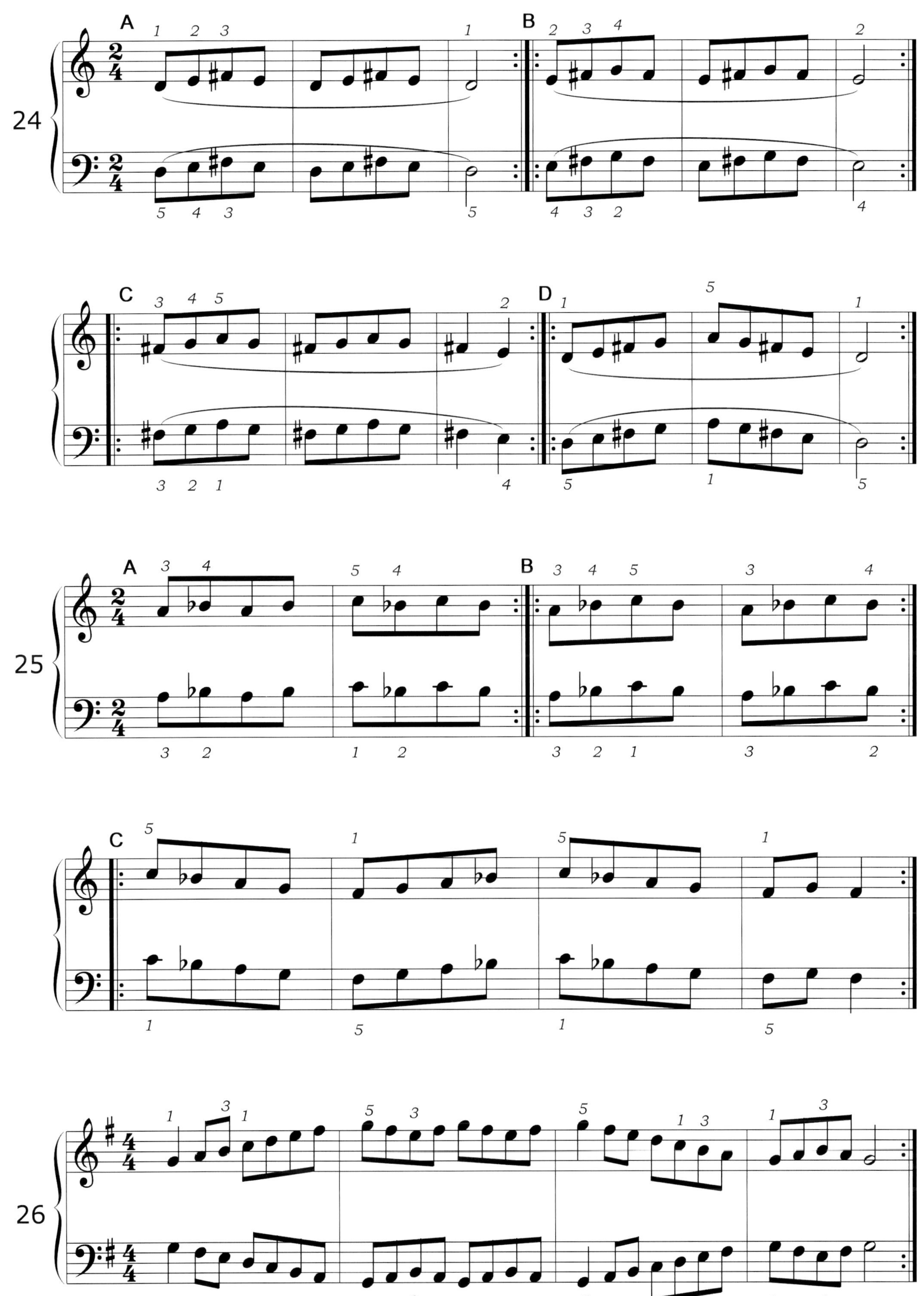
24
A
B
C
D
25
A
B
C
26

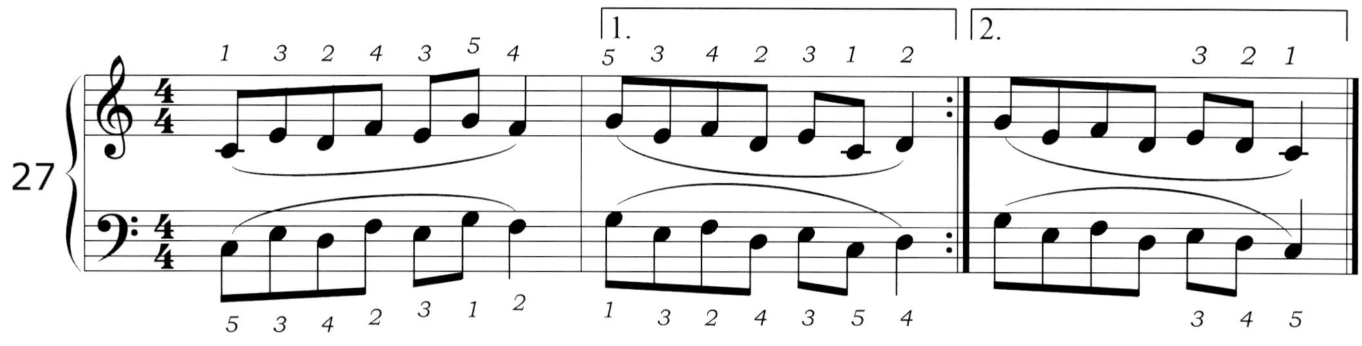

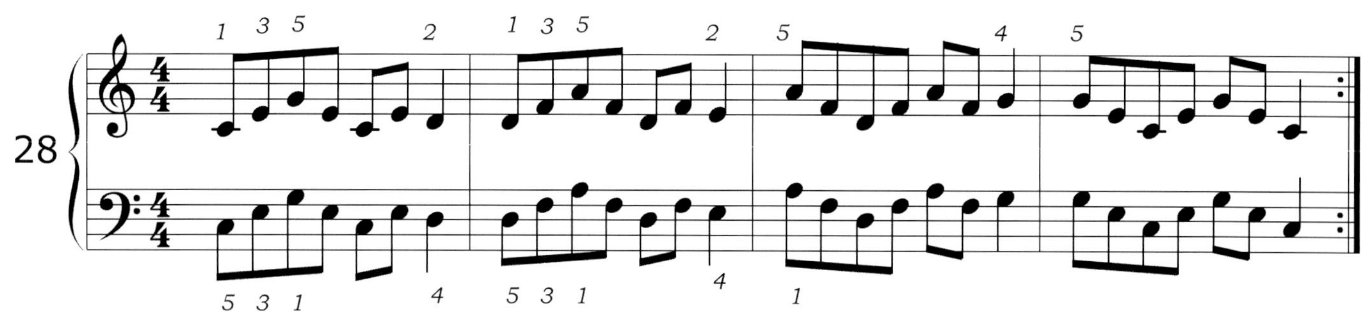

Nach C. L. Hanon 60 Übungen Nr. 4

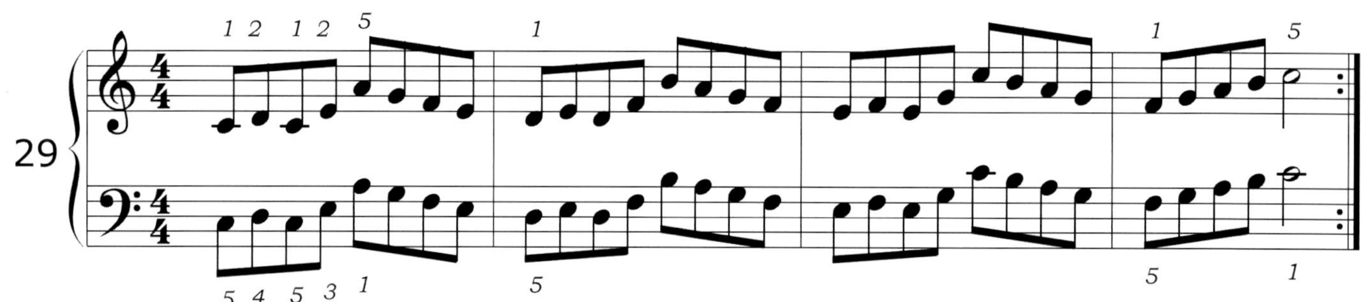

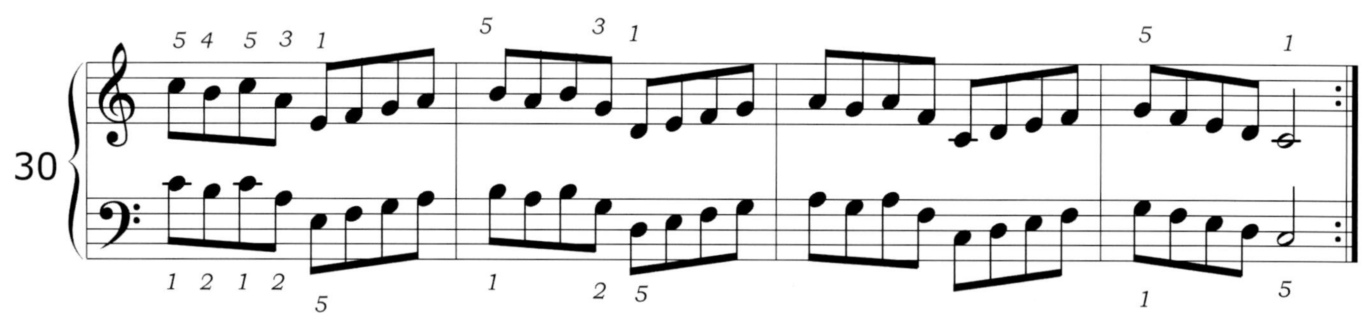

Nach C. L. Hanon 60 Übungen Nr. 11

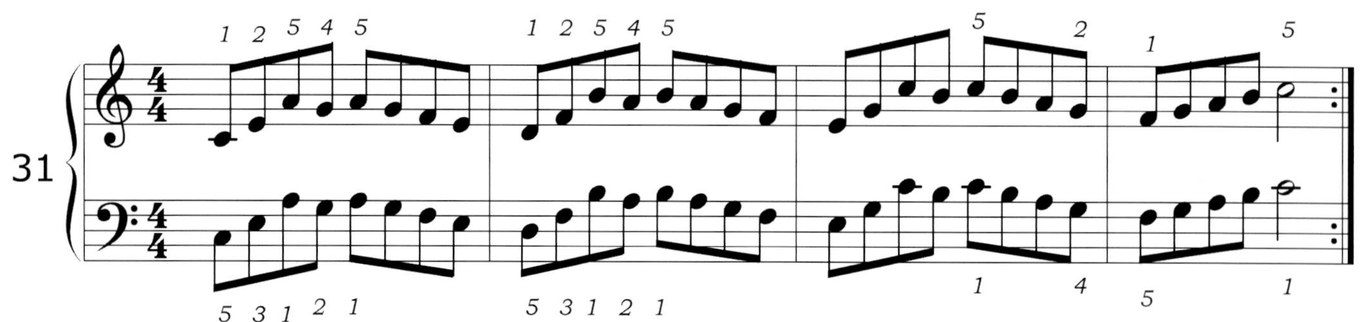

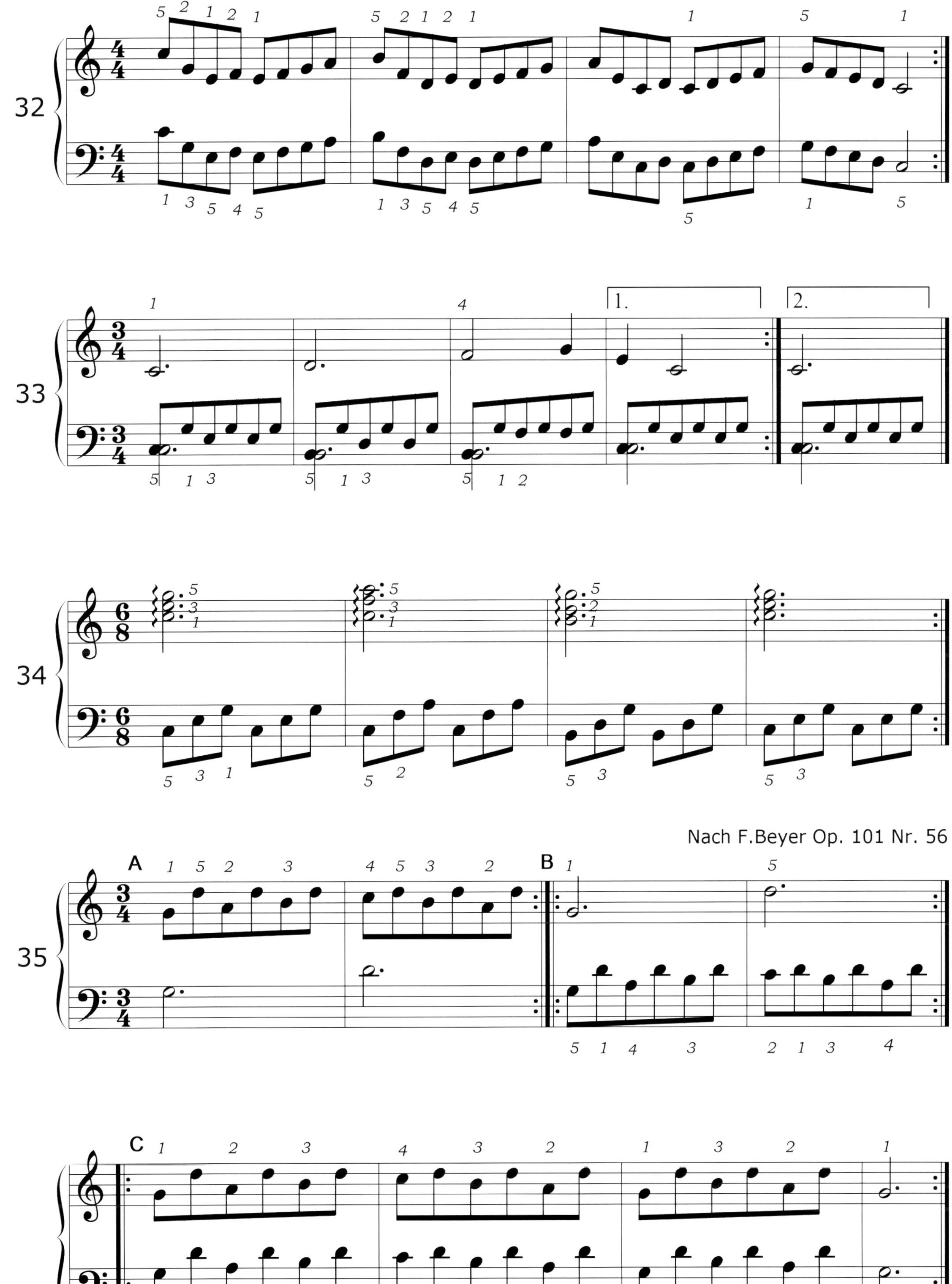
32
33
1.
2.
34
Nach F.Beyer Op. 101 Nr. 56
A
B
35
C

Lexikon musikalischer Ausdrücke

allegretto mäßig schnell

allegro schnell, rasch

Allemande alte Tanz

andante ruhig, gehend

andantino etwas schneller als andante

Arioso kurzes melodisches Stück

a tempo im Tempo

Bagatelle ein kurzes Musikstück

Barkarole ein Gondolieres Lied im 6/8 Takt, ist von ruhigem Charakter.

calando in Tonstärke abnehmend

con moto bewegt

cantabile gesangvoll

cresc. (crescendo) lauter werdend

dim. (diminuendo) leiser werdend

dolce zart, sanft

espressivo ausdrucksvoll

Gavotte altfranzösischer Tanz oft im 4/4 Takt.

grazioso anmutig, graziös

legato gebunden spielen

leggiero leicht

Marsch das Wort stammt von französisch *marche*, „Gang, Tritt, Wanderung". Ein Marsch ist meistens im geraden (zweiteiligen 2/4, 4/4) Takt mit gleichmäßigen Akzenten verfasst.

Menuett alter französischer Tanz meistens im 3/4 Takt im gemäßigten Tempo.

Pastorale idyllische Hirten- bzw. Schäferszene.

poco allmählich

Präludium ein Vorspiel, ein Instrumentalstück mit eröffnendem oder hinführendem Charakter. Im 19. Jahrhundert entwickelte sich das Präludium zu einem eigenständigen Stück für Tasteninstrumenten.

rall. (rallentando) langsamer werdend

risoluto entschlossen

rit. (ritenuto) langsamer werdend

scherzando scherzend

sempre immer

simile die Musik soll genauso wie bisher gekennzeichnet ausgeführt werden.

smorzando verlöschend

Sonate besteht meistens aus drei Sätzen, die unterschiedlich im Tempo sind. Erster Satz in der Regel hat drei Teile: Exposition, Durchführung und Reprise (manchmal mit Coda).

Sonatine leichte, kleine Sonate

tranquillo ruhig, gelassen

vivo/vivace lebhaft

Walzer Tanz im ¾ Takt.